Carl Siele

Über die Chanson

Carl Siele

Über die Chanson

ISBN/EAN: 9783337176068

Printed in Europe, USA, Canada, Australia, Japan

Cover: Foto ©Thomas Meinert / pixelio.de

More available books at **www.hansebooks.com**

Ueber die

Chanson „Guibert d'Andrenas"

(Classification der Handschriften, Analyse
und Quellenuntersuchung.)

Inaugural-Dissertation

zur

Erlangung der Doktorwürde

bei der

hohen philosophischen Fakultät der Universität Marburg

eingereicht von

Carl Siele

aus Crossen a/E.

MARBURG.

Buchdruckerei Oscar Ehrhardt.

1891.

Meinen lieben Eltern

in steter Dankbarkeit.

Einleitung.

1] Die Chanson Guibert d'Andrenas gehört zu dem nach Gautier[1]) aus 24 altfranzösischen Epen bestehenden Cyklus der Geste Guillaumes von Orange oder Garins von Montglane, wie diese Geste auch nach ihrem Stammvater benannt wird. Von diesen Gedichten sind bis jetzt nur 8 vollständig[2]) und 4 zum Teil[3]) im Drucke erschienen, während von den übrigen 12 unedierten[4]) sich nur kurze Bruchstücke in den von Paulin Paris in der „Histoire littéraire de la France" (Tome XX, 706 ff., XXII, 435 ff.) und von Léon Gautier in seinen „Épopées françaises", 2e éd., t. IV, 106 ff. gegebenen Analysen und in den Spezialuntersuchungen von Stoeriko[5]), Hartmann und Rudolph[6]) finden. Zu den noch ungedruckten Teilen unseres Epenkreises gehört auch *Guibert d'Andrenas*, dessen 4 Handschriften ich in den Jahren 1889 und 1890 auf Anregung des Herrn Prof. Stengel in London und Paris kopierte.

---

[1]) L. Gautier, Les Épopées Françaises, 2e éd. Bd. IV, Paris 1882, p. 4. Gaston Paris zählt in seiner „Littérature française au moyen âge" 2e éd. Paris 1890, p. 62 nur 20 Epen dieses Cyklus. „Hernaut de Beaulande" und „Renier de Gennes" sind nach ihm (cf. Romania Bd. XII. „Le Roman de la Geste de Monglave") und K. Hartmann („Ueber die Eingangsepisoden der Cheltenhamer Version des Girart de Viane". Diss., Marburg 1889, p. 7 ff.) Erweiterungen des „Girart de Viane" und nicht, wie Gautier annimmt, ursprünglich selbständige Romane. Auch den „Siège de Narbonne" und die „Prise de Cordres" nennt G. Paris nicht als besondere, getrennte Teile unserer Geste.

[2]) Vollständig gedruckt sind: 1) Le Couronnement Looys. 2) Le Charroi de Nimes. 3) La Prise d'Orange. 4) Le Covenant Vivien. 5) Aliscans. 6) Beuve de Commarchis (Bearbeitung des „Siège de Barbastre", der noch unediert ist). 7) La Mort Aymeri de Narbonne. 8) Aymeri de Narbonne.

[3]) Zum Teil gedruckt sind: 1) Girart de Viane. 2) Le Moniage Guillaume. 3) Foulque de Candie. 4) Les Enfances Vivien.

[4]) Noch unediert sind: 1) Les Enfances Garin. 2) Garin de Montglane. 3) Hernaut de Beaulande. 4) Renier de Gennes. 5) Les Enfances Guillaume. 6) Le Département des enfans Aimeri. 7) Le Siège de Narbonne. 8) La Bataille Loquifer. 9) Le Moniage Renoart. 10) *Guibert d'Andrenas*. 11) La Prise de Cordres. 12) Renier.

[5]) Adolph Stoeriko: „Ueber das Verhältnis der beiden Romane Durmart und Garin de Monglane". Diss, Marburg 1888. (Ausg. u. Abh. LXXVII.)

[6]) Karl Rudolph: Das Verhältnis der beiden Fassungen, in welchen die Chanson Garin de Monglane überliefert ist, nebst einer Untersuchung der Enfances Garin de Monglane. Diss., Marburg 1890.

2] Ueber diese Branche war man bisher auf eine jedenfalls
zu kurze und teilweise auch inkorrekte Analyse in der „Histoire
littéraire de la France", t. XXII, p. 498 ff. und einige wenige
Bemerkungen in K. Nyrop „Den oldfranske heltedigtning"
Kopenhagen 1883¹) angewiesen.

3] Die vorliegende Arbeit hat den Zweck, zur besseren
Kenntnis dieses Teils der Geste beizutragen, indem sie 1) die
Stellung der 4 Handschriften zu einander feststellt, 2) eine
ausgiebige Analyse nach der inhaltlich besten Handschrift
unter Berücksichtigung der wesentlichen Abweichungen der
3 andern Handschriften bietet, und 3) die Beziehungen des
Gedichtes zu andern Epen, hauptsächlich desselben Cyklus,
näher untersucht.

Abkürzungen.

4] *Aym.:* Aymeri de Narbonne, ch. d. g. p. p. Louis Demaison. Paris
1887. 2 Bde. (Soc. des Anc. Textes.)
Mt. A.: La Mort Aymeri de Narbonne, ch. d. g. p. p. J. Couraye du Parc.
Paris 1884. (S. d. A. T.)
Co. Lo.: Le Couronnement de Louis, p. p. E. Langlois. Paris 1888. (S. d. A. T.)
Pr. d'O.: La Prise d'Orenge p. p. W. J. A. Jonckbloet in: Guillaume
d'Orange. Chansons de geste des XIᵉ et XIIᵉ siècles. Tome I.
La Haye 1854. (T. II: Examen critique des ch. d. g. de Guillaume
d'Orange. La Haye 1854.)
Al. b: Aliscans, p. p. F. Guessard & A. de Montaiglon. Paris 1870.
(Les Anciens Poètes de la France X.) (Der Paralleltext zu Al.
a, p. p. Jonckbloet: Guill. d'Orange V.)
Co. V.: Li Covenans Vivien, p. p. Jonckbloet: Guill. d'Orange IV.
E. V.: Les Enfances Vivien, ch. d. g. Partie I. p. p. Carl Wahlund &
Hugo von Feilitzen. Upsala-Paris 1886.
F. de C.: Foulque de Candie, par Herbert Leduc, de Dammartin p. p.
Prosper Tarbé. Reims 1860.
S. de N.: Le Siège de Narbonne.
S. de B.: Le Siège de Barbastre.²)
G. d'A.: Guibert d'Andrenas.
Pr. de Co.: Prise de Cordres.
R. de C.: Raoul de Cambrai, ch. d. g. p. p. P. Meyer & A. Longnon.
Paris 1882. (S. d. A. T.)
A. u. A.: Ausgaben und Abhandlungen aus dem Gebiete der romanischen
Philologie, hsgg. v. E. Stengel, Marburg.

---

¹) Vgl.: Christoforo Nyrop, Storia dell' epopea francese nel medio evo.
Prima traduzione dall' originale danese di Egidio Gorra. Firenze 1886,
wo wir p. 145 den kurzen Artikel über Guibert d'Andrenas finden.
²) Herr Dr. Gundlach aus Weilburg stellte mir auf meine Bitte
die von ihm seiner Zeit angefertigten Abschriften der Hss. dieses Gedichtes zur Verfügung, wofür ich ihm hiermit besten Dank sage.

I.

Die Handschriften und das Handschriften-Verhältnis.

5] Bis heute sind vier sämtlich in Zehnsilblern mit einem
Sechssilbler am Schlusse einer jeden Tirade verfasste Hand-
schriften des G. d'A. bekannt. Drei davon befinden sich im
Britischen Museum zu London (Roy. 20 D. XI, Roy. 20 B.
XIX und Harl. 1321), die vierte in der Bibliothèque Nationale
zu Paris (fr. 24369). Wir bezeichnen dieselben mit den Buch-
staben A bis D, wobei wir J. Couraye du Parc (s. dessen
Ausgabe der Mt. A. Introduction XXVI ff.) folgen.

6] A = London, British Museum, Royal 20 D. XI, fol.
240 c — 247 e; jede Spalte enthält 53 Zeilen, zusammen
2371 Verse.

7] B[1]) = Paris, Bibl. Nat. fr. 24369, La Vallière 23, anc.
2735, fol. 156 d — 169 b; jede Spalte hat 44 Zeilen, zusammen
2367 Verse.

8] C = London, British Museum, Royal 20 B. XIX, fol.
152 b —166 a; die Spalte zählt 42—46, meist aber 45 Zeilen,
im ganzen 2564 Verse.

9] D = London, British Museum, Harleian 1321, fol. 176 a
— 191 d. Jede Spalte hat 40 Zeilen, nur fol. 184 c/d und
185 a/b haben 39, fol. 177 c 38 Zeilen. Gesamtzahl 2459 Verse.

10] Gautier setzte in der ersten Auflage seiner „Épopées
Françaises", Paris 1868, t. III, p. 26 — von den 3 ihm nur
bekannten Hss. A, B, D — A und D ins 13., B ins 14. Jahrhundert, in der zweiten, Paris 1882, t. IV, p. 25, aber A und
B ins 14., C und D ins 13. Jahrhundert, worin auch die
neueren Herausgeber von Teilen dieser Handschriften mit ihm
übereinstimmen.

---

[1]) Nach Blatt 162 folgt ein ungezähltes, dessen oberes Ende abge-
rissen ist. Ich bezeichne es mit 162*.

11] Die Handschriften sind verschiedene Male in ihrer Gesamtheit beschrieben worden (so z. B. von Michel, Gautier, Ward[1]), für uns kommen im folgenden nur diejenigen Untersuchungen in Frage, die auf eine Classification der Hss. oder vielmehr nur einzelner Abschnitte derselben abzielten. Es sind:

1) Adolph Gundlach: Das Handschriften-Verhältnis des S. de B. Marburg 1883, A. u. A. IV, p. 142—143 und 173.
2) J. Couraye du Parc: Mt. A. Introduction, p. XXVI ff.
3) Louis Demaison: Aym. Introduction p. XXIV ff. und XLI ff. —
4) Alfred Nordfelt spricht in seiner „Classification des Manuscrits des E. V." im „Recueil de mémoires philologiques présenté à M. G. Paris etc.", Stockholm 1889, und in den „Études sur la chanson des E. V.", Stockholm 1891, die sich an die Ausgabe der E. V. von Carl Wahlund und Hugo von Feilitzen, Paris-Upsala 1866, anschliessen, nur von dem Verhältnisse von A zu B, da er es sonst mit anderen Handschriften zu thun hat.

12] Alle 3 erstangeführten Arbeiten stimmen darin überein, dass die 4 Hss. 2 Gruppen bilden, dass A B C D gegenübersteht. Die nachstehende Untersuchung ergiebt, dass diese Ansicht auch für G. d'A. zutrifft.

1. A und B bilden eine Gruppe gegenüber C und D.

13] Schon bei einem flüchtigen Vergleiche der Hss. des G. d'A. erkennt man die grosse Aehnlichkeit zwischen A und B gegenüber C und D, die ihrerseits wieder die engsten Beziehungen zu einander aufweisen. Um jeglichen Zweifel zu beseitigen, seien eine Anzahl fehlerhafter Lesarten und Lücken, in denen je 2 Hss. gegen die andern zusammengehen, angeführt.

A. Gemeinsame Lesarten von 2 Hdss. gegen die andern.

a. Gemeinsame Fehler von AB gegen CD.

14] A 241 e 46—53 und B 159 c 14—21 lautet es:

46 (14) „Biax filz *Guillaumes* ne soiez recreüz
47 (15) O .XX. M. homes armez et feruestus
48 (16) A roides lances et à destriers crenus!
49 (17) O nous menrons nos amis et nos druz.

[1] Catalogue of Romances in the Department of Manuscripts in the British Museum. Vol. I. London 1883.

50 (18) Pour secours querre sui ci à vous venuz.
51 (19) Venez o moi, ne soiez recreüs!
52 (20) O nous menrons nos amis et nos druz,
53 (21) Tant que serons. c. milliers à escuz" . . . .

C 154 d 33—39 und D 179 a 18—24 lesen wir dagegen:

33 (18) „Biau filz Guillaumes ne soiez esperduz (D: recreüz)!
34 (19) Por secors querre sui ci à uos uenuz.
35 (20) Venez o moi, ne soiez esperduz,
36 (21) A .X. M. homes armez et feruestuz
37 (22) A roides lances, à bons destriers queruuz!
38 (23) O nos merrons nos amis et nos druz,
39 (24) Tant que serons .c. milliers à escuz" . . . . .

Die Verse A 241 e 50—51 und B 159 c 18—19 stehen fälschlicher Weise zwischen den zwei gleichlautenden Versen A 241 e 49 und 52 = B 159 c 17 und 20, anstatt, wie C und D es richtig haben, unmittelbar nach Vers A 246 e 46 = B 159 c 14 zu folgen. Nur so ist die Stelle verständlich.

15] A 244 d 24—27 = B 163 c 17—20 lauten:

24 (17) „Bataille quier à ceus de la cité,
25 (18) Mal soit de cel qui se soit adoubé
26 (19) A .ij. *milliers* qui là seront trouué".
27 (20) Cil de leenz en sont as murs monté . . .

C 159 d 8—11 = D 184 d 35—38:

8 (35) „Bataille quier à cels de la cité
9 (36) As .ij. *meillors* (D: mellors) qui là (D: i) seront troué.
10 (38) Mal de celui qui s'en soit adobé".
(D: Mal soit de cel qui ann oit mot soné".)
11 (37) Cil de leeinz en sont as murs monté.

(D hat die beiden letzten Verse unrichtiger Weise umgestellt).

Die Versstellung von AB ist falsch und der Sinn so unklar; „meillors" (mellors) in CD für „milliers" in AB wohl die bessere Lesart.

16] A 244 e 47—48 = B 164 a 7—8 (B hat in 5—6 noch zwei weitere Verse) sind Verse, die in C 160 a nach v. 43, in D zwischen 185 b 35 und 36 fehlen und dann in allen Hss. 10 Verse weiter am rechten Platze wiederkehren; es sind also entbehrliche Einschiebsel in A B. — An derselben Stelle heisst es in A 244 e 49 = B 164 a 9, dass 5 Sarazenen zum Könige Judas eilen, um ihm die Nachricht von der Einnahme des Turmes Argoline zu überbringen, während in C 160 b 1 und D 185 b 36 nur von einem die Rede ist.

17] A 246 a 5 = B 166 a 36 lesen wir:
Autour francois a le *turc* mort ieté.

C 162 d 13 = D 188 a 12 steht dafür:

Autor francois ra lo *tierz* mort ieté.

C fügt v. 14 noch hinzu:

Puis ra lo qart et lo quint afolé.

Wir sehen, dass A B „*turc*“ für „*tierz*“, in der Vorlage vielleicht „*tierc*“ geschrieben, verlesen hat, da sonst die Tötung des dritten der 5 Heiden in A B ganz verschwiegen wäre, während alle Hss. im folgenden dann den Fall des vierten und fünften ausführlich berichten. —

Vergleichen wir hierzu A 245 c 18 = B 165 a 14:

Si aiousterent .ij. *M.* maintenant

und C 161 b 22 = D 186 c 35:

Dont aiostent les .ij. *oz* aïtant
(D: Lors asamblerent les .ij. *olz* maintenant),

wo ein ähnlicher Schreibfehler zu Grunde liegt.

18] A 247 a 46 = B 168 a 41:

Qui les occïent *et* sanz rachastement

ist „*et*“ eine fehlerhafte Einschiebung.

C 165 a 3 steht dafür:

Toz les ocïent sanz nul delaiement.

D 190 b 39:

Toz les ocïstrent sanz nul rachastement.

19] A 241 e 9—11 = B 159 b 21—23:

Tel auenture *lor* a diex fet donner,
Que. XV. (B: Qu'à .XVI.) lieues par delà Balesguer
Trouua Guibers le chetif Aymer.

C 154 c 39—41 = D 178 d 18—20 steht dafür richtig

„ . . . *li* a dex fet donner,
Qu'à .XV. lieues par delà Balesguer
Troua Guiberz lo chetif Aymer“.

20] A 240 f 47 = B 158 a 14 sagt der alte Aymeri zu seinem Sohne Guibert:

„Si me verrez tous mes . *VII. filz* mander“.

C 153 b 35 = D 177 b 11 spricht er nur von „.*VI. filz*“, was die richtige Lesart ist, da Guibert ja der siebente und jüngste von Aymeris Söhnen ist. (cf. hierzu auch „Aym. v. 4504 und 4603 ff.)

b. Gemeinsame Fehler von C D gegen A B.

21] C 155 a 45—155 b 1 = D 179 b 37—38:

En sa compaigne maint cheualier uaillant.
Li quens apele Hermeniarz la uaillaut.

Der Verschluss des zweiten Verses ist dem ersten entnommen. A 241 f 53 = B 159 d 30 finden wir richtig dafür „*la sachant*" (B: le s.)

22] C 157 c 15—16 = D 182 b 5—6:

> Li rois Baudus se prist à escrïer:
> „Argalïene, que ne me secorez"?
> (D: Argaliane, et car me secorez!)

für A 243 b 50—51 = B 162 b 13—14:

> Li rois Baudus les prist à apeler:
> „A! (B: Ha!) Galïene, uenez moi delïurer"!

Die Kopisten von C und D haben die Interjektion *A!* (B: Ha!) infolge der grossen Aehnlichkeit zwischen dem Ausrufungszeichen und dem Buchstaben *r* fälschlich zum Namen „*Galiene*" hinzugezogen. Das „*et*" in D ist unverständlich.

23] Nachdem der seines Landes beraubte unglückliche König Bauduc von Judas freundlich aufgenommen worden ist, fährt C 158 a 7 = D 182 d 20 dem Zusammenhange zuwider fort:

> A Andrenas en sont uenu *gabant*.

A 243 d 34 = B 162 d 15 haben dafür „*atant*".

24] Als der alte Aymeri dem gefangenen Heidenkönig Bauduc alle die Vergünstigungen aufgezählt hat, die er ihm zu teil werden lassen will, wenn er bei den Seinen die Uebergabe der Stadt Balesguer bewirke, antwortet der Sarazenenfürst: C 157 b 30 = D 182 a 14:

> „Ge *otroi* (D: ostroi) bien ce que uos oi conter",

während A 243 b 20 = B 162 a 27 dafür zu lesen ist:

> „Je *croi* bien ce que ie vous oi conter".

Die Lesart „*uos croi*" ist vermutlich die ursprüngliche und „*ostroi*" daraus verlesen.

25] C 164 a 10 = D 189 b 20 wird von dem Feldzeichen, das der gefangene Aymeri in Andrenas zum Turmfenster hinaushängen lässt, berichtet, dass es eine „croiz *uermeille*" hat.

C 164 b 32 = D 189 d 8 heisst es aber:

> La croiz en mi *blanche* com flor de lis,

während wir A 246 d 42 = B 167 b 11 zwar auch finden „as crois *vermeilles*", aber 246 e 53 = 167 c 30:

> La flor de lis par dedenz la crois *mis*.

Wir erwarten in dieser letzten Lesart „*mise*". Ursprünglich wird gestanden haben:

> La flor de lis dedenz la crois en mi.

B. Lücken.

26] In C D fehlen Verse, wie:

A 242a 53 = B 160a 40; A 242d 31 = B 161a 2;
A 242e 47 = B 161b 27; A 243e 20—21 = B 162*a 10—11;
A 244c 7 = B 163a 33; A 244c 39 = B 163b 21;
A 244f 27 = B 164a 40. —

Die Zahl der Fälle, wo in A B Verse fehlen, die sich in
C D finden, ist weit grösser; ich führe daher nur folgende
charakteristische an:

C 154b 3 = D 178b 10; C 154d 8 = D 178d 32;
C 155b 39 = D 179c 37; C 157a 25 = D 181d 2;
C 158c 29 = D 183c 22; C 158d 26—29 = D 183d 29—32;
C 159b 27—29 = D 184c 3—6; C 159c 5 = D 184c 25;
C 159c 40 = D 184d 22; C 160b 30 = D 185c 27;
C 161b 17 = D 186c 29; C 161c 11 = D 186d 27;
C 162d 44—e2 = D 188b 3—5; C 163b 19 = D 188c 25;
C 164d 1 = D 190a 30; C 165a 6 = D 190c 3;
C 165a 8—11 = D 190c 5—8; C 165d 11 = D 191c 3.

27] Da es zwecklos wäre, alle sonstigen abweichenden Lesarten beider Gruppen aufzuzählen, greifen wir nur noch eine
beliebige Tirade des Gedichtes heraus und stellen den Text
der beiden Gruppen gegenüber, indem wir uns dabei an die
Schreibart von A einer- und C andrerseits halten. Der Mangel
jeder eigentlichen Variante in B von A, sowie die immerhin
geringfügigen Abweichungen in D von C zeigen zugleich recht
deutlich die enge Verwandtschaft, welche zwischen A und B,
sowie zwischen C und D besteht.

28] Die Tirade A 241a 23—b 9 = B 158a 43—b 38 lautet:

1 Or ot li peres l'otroi de son enfant,
2 Forment en ot le cuer lié et ioiant.
3 .iiij. baron s'en lieuent en estant
4 Qui li amainent Aymerïet deuant.
5 Quens *Aymeris* se leua en estant:
6 „Filluel, dist il, uenez . i . poi auant,
7 Tenez Nerb*one*, ie uous en rent le gant,
8 De cui me seruent cheualier et seriant!
9 Je le te doins par itel couuenant,
10 Que diex t'en face baut et lié et ioiant.
11 Garde paiens, ne te truisent taisant,
12 Neiz qu'il ont fet Ay*meri* (B: Aymeri) le ferrant.“
13 A ces paroles en apela Morant:
14 „Toutes mes armes aportez ci deuant!
15 S'adouberai mon filluel maintenant,
16 Mès une chose vous di io en oiant:
17 Ne demourra mie ci longuement

18 Por seiorner ne por dosnoiement,
19 O moi ira en Espaigne la grant
20 Penre la terre Guibelin mon enfant,
21 Ne li faudrai en trestout mon uiuant".
22 „Sire, fet il, tout à uostre talent".
23 Toutes les armes li aportent deuant,
24 El dos li uestent . i . hauberc jaseraut,
25 El chief li lacent . i . vert elme luisant;
26 Quens Aymeris au poil chenu ferrant
27 Li ceint l'espée au poing d'or reluisant
28 Eschafaudine qui fu au uiel soudant;
29 Hauce la paume Aymeris li uaillant,
30 A son filluel en done . i . cop si grant,
31 Tout l'embronca sor l'auberc jaserant.
32 „Filluel, dist il, m'espée te commant,
33 Je le te doins par itel couuenant,
34 Que diex te doint honor et hardement;
35 Se mieudre n'ez, à moi soies semblant
36 Aussi hardis et aussi combatant
37 Et sus paiens autressi conquerant.
38 Biax chier filluel, por uoir le te creant,
39 Que couardise ne fis en mon uiuant,
40 Jà ne l'orras retraite".

29] C 153 c 20—d 15 = D 177 c 2—d 6 heisst es dagegen:

1 Or ot li peres l'otroi de son enfant,
2 Forment en a (D: ot) le cuer lié et ioiant.
3 .iiij. baron se lieuent en estant
4 Qui li amoinent Aymeriët deuant.
5 Voit l'Aymeri, lieue soi aïtant (D: maintenent):
6 „Filluel, dit il, uenez . i . po auant,
7 Tenez Nerbone, si receuez (D: ie uos au doig) lo gant,
8 Dont me (D: il me) seruent cheualier et seriant!
9 Ge la te doig par itel couenant,
10 Que dex t'en (D: te) face baut et lié et ioiant.
11 Garde (D: Gardes), paien ne te truissent tesant,
   Ne enuers els (D: aux) maté ne recreant,
12 Ne qu'il ont fet Aymer lo ferrant"!
13 A cez paroles en apela Morant:
14 „Totes mes armes aportez (D: m'aporte) ci auant (D: devant)!
15 S'adouberai mon filluel aïtant (D: maintenant),
16 Mès une chose li dirai en oiant:
17 Ne seiorna (D: demorra) mie ci longuement
18 Por reposer ne por donoiement,
19 O moi ira (D: vandra) en Espaigne la grant
20 Prendre la terre Guibelin mon enfant,
21 Ne li faudrai ià ior en (D: à) mon uiuant".
22 „Sire, fet il (D: cil), tot à uostre comant".
23 Totes ses armes li aportent deuant,
24 El dos li uestent la (D: .i.) hauberc iazerant,
25 El chief li lacent le uert eaume luisant;
26 Quens Aymeris au poil chanu ferrant
27 Li caint l'espée au pont reflambiant (D: d'or reluisant)
28 Escaufadine (D: Escaufagine) qui fu au uiel sodant;
29 Hauce la paume Aymeris le uaillant,

30 A son filluel en done .i. cop pesant (D: si grant),
31 Tot l'enbroncha soz l'auberc iazerant.
32 „Filluel, dit il, m'espée te comant,
33 De moi la tien par itel couenant,
34 Que dex te doinst proëce et hardement;
36 Ausi hardi et ausi conbatant
35 Se meudre n'es (D: n'iès), à moi soies senblant
37 Et uers paiens autressi conquerant.
38 Biau chier filluel, por uoir le te creant,
39 Que (D: Ainz) coardise ne fist à son viuant
40 Li sires de Nerbone".

2. Das Verhältnis von A zu B.

30] Bereits A. Gundlach hat A. u. A. IV, p. 143—145 bewiesen, dass A und B (bei ihm mit D und L bezeichnet)
„fast durchweg, selbst in Kleinigkeiten zusammengehen, ohne
aber darum von einander abhängig zu sein". (cf. p. 173.)
31] J. Couraye du Parc, der B für jünger hält als A, (cf.
Mt. A. Introduction, p. XXVI f. und XXXIX.) vertritt, ohne
sich auf Gundlach zu beziehen, die gleiche Ansicht. Er beweist auch, dass B nicht von A abgeschrieben sein kann; die
Möglichkeit, dass B Vorlage für A sein könnte, war infolge
seiner Datierung der Hss. für ihn von vornherein nicht anzunehmen und hat er sie darum auch durch keine spezielleren
Beweise ausgeschlossen.
32] Ebensowenig wie du Parc hat L. Demaison sich auf
Gundlach bezogen. Er weist umgekehrt wie du Parc nach
(cf. Aym. Introduction, p. LI ff.), dass A keine Copie von
B sein könne, während er für B einen Unabhängigkeits-
Beweis von A beizubringen unterlässt, weil: (p. LIII)
„celui-ci doit être d'une date un peu postérieure, ainsi que
nous l'avons démontré plus haut". Dort (p. XXXIV ff.)
stützt er seine Behauptung auf einen Vergleich der in beiden
Hss. seinem Gedichte vorausgehenden Miniaturen. Er sagt
da: „Les miniatures qui précèdent *Aymeri de Narbonne*
dans les deux manuscrits ont tant de similitude qu'elles sont
sûrement imitées d'un même modèle. Ces analogies si
frappantes ont fait croire à M. H. Suchier que le copiste du
ms. 24369 avait eu l'autre ms. sous les yeux".[1] Aber die

---

[1] Cf. Ward I, 643: „Since writing the above" (es handelt sich um
die Beschreibung der Handschrift Roy. 20 D XI) „I have been informed
by M. Hermann Suchier that he feels convinced that the scribe of La
Vall. 23 had the present Ms. before him".

Rüstungen und Waffen seien auf dem Miniaturbilde von B so gemalt, wie sie am Anfange, die von A, wie sie gegen Mitte des 14. Jahrhunderts getragen wurden".

33] Daraus lässt sich jedoch meiner Meinung nach noch kein stichhaltiger Beweis für Demaisons Datierung der beiden Hss. entnehmen. Kann doch der eine Maler sich genau an die alte Vorlage gehalten haben, während der andere, obwohl älter, sich grössere Freiheit gestattete. Und wäre es andrerseits so unerhört, dass das modernere Bild in der älteren Hs. erst später nach dem Vorbilde der Miniatur der jüngeren Hs. in den dafür vorgesehenen freien Raum eingemalt wäre?

34] Alfred Nordfelt endlich hat in seiner „Classification des Manuscrits des E. V." und in seinen „Études sur la chanson des E. V.", ohne Rücksicht auf das Hss.-Alter zu nehmen, unter Vergleichung noch anderer Hss. für die von ihm untersuchte Chanson die volle Unabhängigkeit jeder der beiden Hss. von der andern dargethan, ohne freilich auch seinerseits Gundlachs gleichartiger Resultate zu gedenken.

35] Wie C. du Parc und A. Nordfelt, so schien auch mir für den ersten Augenblick die Hs. B unseres Gedichtes eine wenn auch indirekte Kopie von A zu sein, da die Lesarten beider Hss. fast durchweg identisch sind und sich beinahe alle Lücken und Fehler in beiden Hss. finden. — Verse, wie B, 164a 5—6, 169a 1—2 und 5—6, die in A fehlen, sind Interpolationen; sie fehlen auch in C und D. — Genaueres Zusehen ergab jedoch, dass beide Hss. unabhängig von einander sind.

a. A kann nicht Vorlage von B sein.

36] In A fehlt fol. 242c der die -er-Tirade schliessende Sechssilbler, den wir sonst nirgends missen. Allerdings könnte B diesen Halbvers, der in C D anders lautet, selbständig hinzugefügt haben.

Abgesehen von diesem zweifelhaften Falle, treten uns aber in B eine Anzahl Lesarten entgegen, die B mit C D gemeinsam hat.

37] A 246b 6—7 lesen wir:

Quant il le uoient en hant li ont huc´é:
„N'en *meurez* (mourez?) pas fel uiellart renoié".

B 166c 3 = C 163a 31 = D 188b 34 steht richtig dafür: „N'en *irez* pas (C D mie) . . . .

38] A 244 f 52—53:

S'einsi le faites com ie vous oi conter
Li miens tresors vous *sera deliurez*.

B 164 b 22; C 160 c 17; D 185 d 17 haben dafür: *„ferai deliurer"*. (D: ferai tot liurer.)

39] A 242 e 6—8:

Fiert le paien sor son escu listé,
De chief en autre li a frait et troé
Et le hauberc *desrompre et despaner*.

B, das den Worten nach hier mit A geht, hat 161 a 32 richtig *„rompu et despané"*. C 156 c 1 und D 180 d 37 gehen andererseits zusammen und lesen: *„derroz* (D: et roz) *et dessafrez"*.

40] A 247 d 14:

„La serez vous .iij. M. de ma gent".

B 168 d 36 hat: *„Laisserai* vous"; C 165 c 39 hat: *„Lesserai* uos"; D 191 b 21: *„Laiseroiz* uos".

41] A 240 d 31 liest A allein falsch: *„Andecrias"* für *„Andrenas"* der anderen Handschriften.

b. B kann nicht Vorlage von A sein.

Beweise:

42] Der von A C D übereinstimmend gebotene von B abweichende Schluss des Gedichtes (cf. p. 97).

43] Zwischen 167 b 23 und 24 fehlt in B ein Vers, der in A C D enthalten und für den Sinn des folgenden unentbehrlich ist: Die Stelle lautet nach A C D (A 246 d 53—e 3; C 164 a 22—25; D 189 b 32—35):

1 „Or poëz vous ueoir et (C: uos bien por uoir; D: bien tot por uoir) esprouuer
2 Ce que l'en seult et oïr (C D: selt oïr dire) et conter
3 Qu'en sa meson seult l'en tel osteler (C D: fet en tel amener)
4 Qui en la fin le fet tost (B: tout) hors (C D: l'eu fet puis fors) bouter (C: ieter)".

In B fehlt Vers 3.

44] Zwischen B 167 b 2 und 3 fehlt A 246 d 33 = C 163 d 45 = D 189 b 11.

Augalete verheisst dem im Turme von Andrenas gefangenen greisen Aymeri Rettung aus der ihm drohenden Lebensgefahr; er vertraut auf ihre Hülfe und verspricht ihr dafür dankbar zu sein.

„Sire, ... ne uous couient douter",
entgegnet sie und eilt, ihn zu bewaffnen.

Die Worte der Königstochter fehlten in B.

45] B 162b 30—31 lauten:

La vile prennent enuiron de tous lez,
A maint paien en ont lez chiés copez ...

A 243c 15; C 157c 33; D 182b 23 steht dafür: „A
.M. (D: mil) paiens".

46] B 162*b 16 heisst es von Aymerïet:

... fils au duc Bueuon le fier

„Bueuon" ist fehlerhaft, da A C D (A 243f 17; C 158c
1; D 183b 33) an dieser Stelle und alle 4 Hss. am Anfange
unserer Chanson (A 240c 48; B 157a 34; C 152c 12; D
176b 15) „Tierri" (C: Terri) aufweisen.

47] B lässt 159b 22 Guibert den „chetif Aymer"

.....XVI. lieues par delà Balesguer

finden, während A 241e 10 gemeinsam mit C 154c 40 und D
178d 19 nur „.XV. lieues" zählt.

48] B 163a 14 erblickt Aymeri „.XX. marcheans", die dann
den Streichen der Franzosen unterliegen. A 244b 41; C 159b
1 und D 184b 15 haben: „.X. marcheans".

Diese Fälle mögen genügen, um die Unabhängigkeit jeder
der beiden Hss. A und B von der andern zu beweisen.

3. Das Verhältnis von C zu D.

49] Schon A. Gundlach (A. u. A. IV, p. 145 — 150) und
L. Demaison (Introd. p. XLIX—LIII) haben für ihre Gedichte
voll bewiesen, dass C und D von einander unabhängig sind.
Du Parc unterlässt es (Introd. p. XXXIX) zu beweisen, dass
keine der beiden Hss. von der andern abgeschrieben ist; er
betont nur ihre grosse Verschiedenheit und beweist dann an
der Hand der „remaniements", dass zwischen jedem der beiden
Manuscripte und der ihnen gemeinsamen Vorlage noch mehrere
Kopieen existierten.

In welchem Zusammenhange stehen nun die gleichen Hss.
unseres Gedichtes?

a. C kann nicht Vorlage von D sein.

50] In C finden wir die meisten Lücken und andererseits
die meisten Zusätze, die D mit A B nicht bietet. Von den
Lücken erwähne ich nur folgende charakteristische:

2

51] Nachdem die Heiden im Turme von Andrenas sich ergeben haben, wollen sie sich taufen lassen. Es heisst da A 247 c 9—11; B 168 c 22—24; D 190 d 37—39 von den Franzosen:

> Enmi la nile ont .i. (D: les) fons apresté
> En une cuue de vert (D: q'ert de) marbre listé,
> Yane i metent (D: D'eve font mestre) dedenz à grant plenté.

In C fehlt der mittlere Vers zwischen 165 b 30 und 31, welche lauten:

> Enmi la vile ont les fonz apresté
> Et si font metre de l'ene grant plenté.

52] C erwähnt nicht fol. 165 c zwischen v. 30 und 31, dass die Franzosen auf ihrem Rückwege nach Nerbone die Stadt Balesguez wieder passieren, was A B D (A 247 d 5; B 168 d 27; D 191 b 12) thun, während sie dann im folgenden Verse alle hinzufügen:

> Le roi Baudu lessent en la contrée...

53] Nachdem Bauduc dem Aymeri eine List vorgeschlagen hat, um die Übergabe von Balesguez zu bewirken, fährt er D 182 a 25 fort:

> 1 „Je ai .iij. filz qui tuit sont bacheler
> 2 Et ma mollier qui molt fet à loër.
> 3 Desus ces murs vendro[n]t por esgarder.
> 4 Quidiez uos donc que puissent andurer...“?

Vers 3, der in C 157 b zwischen v. 42 und 43 fehlt, hat D mit A B (A 243 b 33; B 162 a 40) gemeinsam. A 243 b 48—49 = B 162 b 11—12 = C 157 c 13—14 = D 182 b 3—4 lesen dann alle 4 Hss.:

> Desor (D: desus) les murs fu la (B D: sa) femme au vis cler
> Et si .iij. fil qui estoient molt ber (C D qui furent bacheler).

54] Ausserdem fehlen in C noch 84 Verse, die D mit A B gemeinsam hat.

55] Für die Tirade A 245 d 43 — e 11 = B 165 c 3—24 = D 187 a 38 — b 22 hat C 161 d 14 — 162 a 15 48 Verse, also 26 Verse mehr als A B und 23 Verse mehr als D, wo sich 3 in A B fehlende Verse von C vorfinden.

56] Auch sonst bietet C eine Menge Zusatzverse, die gemeinsam in A B D fehlen. So hat allein C 162 b 12—162 d 15 38 Verse mehr als A B D.

C hat ferner verschiedene isolierte und fehlerhafte Lesarten, die D mit A B richtig hat:

57] C 155 c 3—4:

> „Bien dites sire“, dit la dame *de pris*.
> Atant monta sor .i. destrier de pris.

Der Versschluss des ersteren der beiden Verse ist aus dem folgenden heraufgenommen. A 242 a 46; B 160 a 32; D 179 d 10 haben dafür: „la dame *gentis*".

58] C 158 a 11 wird die zweite der 4 „puceles" „*Luce*" genannt, während sie D 182 d 24 = A 243 d 38 = B 162 d 19 „*Lunete*" heisst.

Diesen Namen bieten dann auch alle 4 Handschriften: A 243 e 11; C 158 a 37; D 183 a 11; B 162*a fehlt das obere Ende des Blattes, doch ist wohl anzunehmen, dass B wie vorher so auch hier übereinstimmend mit A ihr diesen Namen beilegte.

59] In C 158 a 35:
> „Et por lo sonie dont *m' as fere* ioiant"

ist „*fere*" unverständlich. D 183 a 9 lesen wir dafür richtig:
> „Tot por le sonie dont *tu m' as fet* ioiant".

Dieselbe Lesart haben A B (A 243 e 9; B 162 d 43).

60] C 159 a 19—20:
> Deu reclama *et la söe uertu:*
> „Par maudicon ai mon *enfant* perdu . . ."

D 184 a 27 ff. lauten:
> 1 Dieu reclama, *le uerai roi Jhesu:*
> 2 „*Gloriex pere, par la teve uertu,*
> 3 Par maudicon ai mon *pere* perdu . . ."

A 244 b 14—16; B 162*d 31—33 haben dieselbe Lesart wie D, nur haben sie im letzten dieser Verse statt des im Zusammenhange falschen „*pere*" das richtige „*enfant*".

Wir sehen, dass C in v. 159 a 19 den Versschluss dem Sinne des Verses gemäss umgemodelt mit D 184 a 28, A 244 b 15, B 162*d 32 gleich hat. A B D haben 1 Vers mehr als C d. h. einen gemeinsamen von C abweichenden Versschluss im ersten und Versanfang im zweiten der 3 Verse. C kann demnach nicht Vorlage für D sein.

61] C 162 b 46—c 1:
> Et dit Judas: „*Mahons uos soit garant*
> Qui hui cest ior uos soit de mort garant".

Das Schlusswort in 162 b 46 ist aus dem folgenden Verse entnommen. D 187 d 7; A 245 f 15; B 165 d 37 lesen dafür:
> „*à Mahom vous commant*".

62] In C ruft v. 163 b 11 der Sarazene Brunamont dem alten Aymeri, der seines Rosses beraubt in arg bedrängter Lage ist, zu:
> „Se te remues ià te ferai dolent".

v. 12 fährt die Hs. dann fort:

Quant l'ot li quens molt grant *pitié* l'en prent.

Dies *„pitié"* passt durchaus nicht in diesen Zusammenhang.
D 188 c 18 liest dafür *„poor"*, ebenso A 246 b 28 und B 166 c 24.

b. D kann nicht Vorlage von C sein.

Es fehlen in D im ganzen 16 Verse, die sich in C und
A B vorfinden. Die wichtigsten sind:
63] v. C 152 c 26.

C 152 c 21 ff. sagt Aymeri zu seiner Gemahlin über seinen
„filluel" Aymerïet:

1 „De filolage noient ne li promis.
2 A lui otroi Nerbone et lo païs
3 Jusqu' à Bordiax et insq' à Mon-Cenis,
4 .iiij. citez et chastiax .xxxvi.".
5 „Por amor deu, lo roi de paradi[s],
6 Dex aïde (!), dit la dame ientils,
7 Com riche fillolaie"!

Vers 6, der zum Verständnis des letzten dieser 7 Verse
unbedingt nötig ist, fehlt in D 176 b zwischen v. 29 und 30,
während A und B (A 240 d 12; B 157 b 5) ihn aufweisen.
64] C 153 b 26—27.

C 153 b 24 ff. sagt Aymeri zu Guibert:

1 „Tais, gloz lechierre, dit Aymeris li ber,
2 Fil à putain, garçon, coart prouez!
3 De mon seior que auez à parler?
4 Se ie m' aaise et faz mes richetez,
5 Ge lo conquis dedenz mou jueue aé.
6 Se uolez fere ausi, sel conquerez"!

Vers 3 und 4 fehlen in D 177 b zwischen v. 3 und 4;
v. 6 ist ohne sie unverständlich. A B (A 240 f 39—40; B 158 a
6—7) haben die beiden Verse mit C gemeinsam.
65] C 156 c 24.

C 156 c 23 ff. heisst es:

1 De l'autre part ont fier estor rendu
2 Quens Aymeris à la fiere uertu
3 Et Aymer et Hernauz li membruz.

In D fehlt 181 a zwischen v. 21 und 22 Vers 2. A B
(A 242 e 32; B 161 b 12) haben diesen Vers, und kurz darauf
wird Aymeri in allen 4 Hss. handelnd erwähnt.
66] C 163 d 28—31.

In D sagt Aymeri fol. 189 a 36 ff. zu Augalete betreffs
seines Sohnes Guibert:

1 „Il vos prandra à mollier et à per,
2 Si uos ferom en fonz regenerer".
3 „De uos garir quit bien par tans panser . . . . "

Diese letzten Worte sind die Antwort Augaletes und
stehen unvermittelt zum Vorhergehenden. C (163 d 28—31)

und A B (A 246d 17—20; B 167a 31—34) haben zwischen Vers 2 und 3 noch folgende Verse:

„Tot cest païs aurez à gouerner,
Si uos ferè anbedox coroner.“
„Sire, dit ele, ce fet à mercier.
Se nos (A B: i-) ce fetes que uos oi deuiser . . .“

Von isolierten Lesarten in D führe ich an:

67] D 177b 19:

„Paserous utre *Lalinde* et Balesguez . . .“

für das richtige „*Laride*“ (C: Leride) der andern Hss. (A 241a 2; B 158a 22; C 153b 43).

68] D 177b 29:

„Dex, dist G[ui]ll[aumes], biax rois de maiesté . . .“

fehlerhaft für „*Guibers*“ in A B C (A 241a 12; B 158a 32; C 153c 9), mit dem Aymeri im Zwiegespräche ist.

69] D 178c 14—15:

Truevent Garin le nobile baron,
Tot lor mesaie *lor* content jusq'an son.

„*Lor*“ ist falsch; die übrigen Hss. lesen „*li*“. (A 241d 23; B 159a 26; C 154b 45).

70] D 178d 33 steht fälschlicher Weise:

„O palès de *Viane*“ für „de *Nerbone*“ in A B C (A 241e 23; B 159b 35; C 154d 9), wovon nur allein die Rede sein kann.

71] D 180c 7—9:

1 „Franc cheualier, dist il, *or i parra*,
2 Vus estes tuit mi fil, or i parra
3 Qui sor paiens hardiement ferra.“

ist der Versschluss von v. 1 aus v. 2 entnommen. C 156a 24 hat mit A 242c 47 und B 160d 9 dafür: „*entendez ca*“.

72] D 183c 15—17 sagt Guibert zu seinen Baronen:

„Antandez moi, mi nobile parant:
Quens Aymeris nos maine malement
Por son *neueu* que il aimme forment . . .“

Für das falsche „*neueu*“ bieten die andern Hss. (C 158c 24; A 243f 40; B 162*b 39) das richtige „*filluel*“, da es sich hier um Aymerïet, Aymeris Patenkind, handelt.

73] D 185a 7—8:

„Ce est *Guillaumes*, ie l'ai bien auisé,
Cil au cort nés, *ie l'ai bien auisé*“.

ist das zweite Hemistich von 185a 7 in 8 übergegangen. C 159d 20 lautet dasselbe: „*au coraie aduré*“; ebenso A 244d 35 und B 163c 28.

74] D 188b 19—21:

Tant a le glot à esperon chacié,
Que près do gué aual le consuié.
Desor son hiame a plain *le consiuié* . . .

Das „*le consiuié*“ des letzten dieser Verse ist aus dem vorhergehenden entlehnt. C 163a 18 hat mit A 246a 47 und B 166b 34 den gemeinsamen Versschluss: „*li a tel cop paié*“.

75] Das Resultat unserer Untersuchung ist also: A und B ebenso C und D bilden Gruppen; die Hss. jeder der beiden Gruppen sind unabhängig von einander. A und B gehen auf eine gemeinsame Vorlage v zurück, während C und D von einer Vorlage z herrühren. Doch auch diese Vorlagen sind nicht direkt von der Originalhandschrift abzuleiten, sondern weisen zunächst auf eine Mittelhandschrift x_1 hin, denn schon die allen 4 Hss. gemeinsame Vorlage hatte Fehler. Ich weiss allerdings aus G. d'A. vorläufig nur folgendes anzuführen:

76] Am Anfange unseres Gedichtes nennt Aymeri alle seine Söhne nebst den Ländern, die sie beherrschen. Beuve de Commarchis wird aber hier in keiner der 4 Hss. erwähnt. Trotzdem fährt Aymeri fort:

N'a que Guibert remez en cest païs . . .

(A 240c 20; B 156d 20; C 152b 20; D 176a 20).

Demgegenüber wird A 247e 5; B 169a 40; D 191c 28 (C fehlt), wo die 7 Söhne wieder aufgezählt werden, Beuve ausdrücklich mitgenannt.

77] Auch A. Gundlach (A. u. A. IV, p. 147 No. 17 und p. 159 No. 94; cf. auch p. 173) und L. Demaison (Introd. p. LVIII f.) haben aus ihren Gedichten ähnliche allen 4 Hss. gemeinsame Fehler beigebracht, während C. du Parc (Introd. p. XXXVII f.) das Vorhandensein von mindestens einer Mittelhs. für seine Manuscripte auf Grund von „traces évidentes d'un même remaniement", die einige in den 4 Hss. enthaltene Stellen deutlich tragen sollen, voraussetzt.

78] Wir würden für unsere Hss. also folgende Tabelle erhalten:

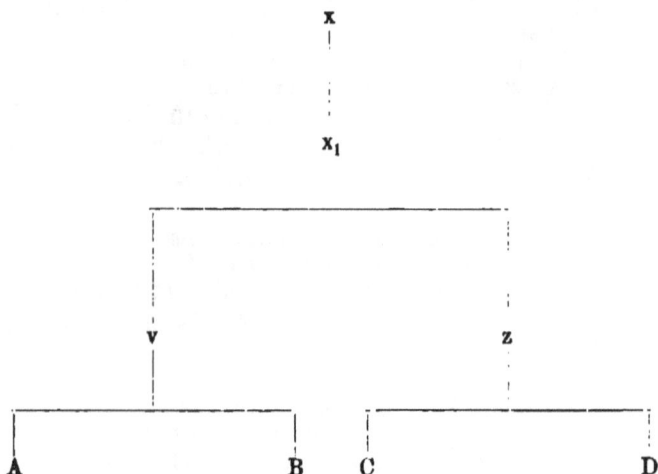

II.

Analyse.

Eine Analyse des G. d'A., die aber, wie schon oben erwähnt (cf. No. 2) allzu knapp gehalten ist und auch verschiedene Auslassungen und Ungenauigkeiten aufweist, nebst einigen Bruchstücken von zusammen nur 69 Versen aus der Hs. B giebt Paulin Paris, dem nur diese eine der 4 Hss. bekannt war, in der „Histoire littéraire" t. XXII (1852) p. 498—501.

Ich lasse hier darum eine ausführlichere Inhaltsangabe folgen, indem ich dabei die Hs. A. zu Grunde lege, die, wie wir aus vorausgehender Untersuchung ersehen können, die dem Sinne nach beste Redaction bietet. Die Abweichungen der 3 anderen Hss. werde ich in den Anmerkungen anführen. —

79] A 240c 1; B 156d 1; C 152b 1; D 176a 1.

Graf Aymeri weilt zum Osterfeste mit seiner Gemahlin Ermengart in Nerbone. Hochbetagt gedenkt er auch sein eignes Land als Lehen zu vergeben. „Aus ihrer hundertjährigen von Gott gesegneten Ehe seien ihnen 5 Töchter und 7 Söhne entsprossen, Neffen und Nichten besässen sie nicht weniger als 66",[1]) so redet er seine Gattin an. „Garin sei Herrscher von Anseüne, Guillaume von Orenge, Aymer „li chetis" in Spanien,[2]) Bernart in Brubant, Ernaut endlich sei Herr von Biaulande.[3]) Alle ihre Söhne seien untergebracht, nur Guibert, der jüngste und kleinste, sei noch unbelehnt. Von ihren Enkeln seien Girart, Gui, Gautier de Termes und Sohier du Placeïs[4]) in Orenge, Huon in Florivile, Guibert und Guielin sowie Fouquere endlich, „Ki uers Tieb[aut] le fort roi poëstis Conquist par force le destrier arraby" (A 240c 30—31; B 157a 16—17; C 152b 30—31; D 176a 30—31), in Terascone.

„Wem sollen wir nun unser Land überlassen?" so fragt der greise Aymeri Ermengart um Rat. Diese glaubt es na-

---

[1]) C 152b 12 zählt nur 56, D 176a 12 sogar nur 46 neveuz. —

[2]) P. Paris sagt Hist. litt. XXII, 498: „Aimeri le Chétif" sei Herrscher von „Tortose ou Tortelouse", wovon in keiner unserer Hss. etwas erwähnt wird.

[3]) Ernaut de Biaulande ist eine Verwechselung mit Hernaut de Giroude, wie er sonst in G. d'A. immer genannt wird. H. de B. gilt sonst als Vater Aymeris de Narbonue.

[4]) B 157a 11: Soihier du Placeïs; C 152b 25: Soef del Planteïs; D 176a 25: Soief do Pleseïs. —

türlich Guibelin [1]) zusprechen zu müssen. Doch Aymeri widersetzt sich energisch diesem Vorschlage, da er Nerbone seinem „filluel",[2]) dem Sohne des mächtigen Herzogs Tierri, zugedacht habe, der ihm als Kind zur Erziehung anvertraut und in der h. Taufe mit seinem Namen Aymeri belegt worden sei. Denn, fährt er fort: „*De fillolage neent ne li promis. A lui otroi Nerbone et le païs Dusqu' à Bordiaux et dusqu' à Mont-Cenis, .IIII. citez et chastiaux .xxxvi.*" (A 240d 6—9; B 157a 43—b2; C 152c 21—24; D 176b 24—27).

Die Contesse höchst erstaunt über ihres Gatten sonderbaren Vorsatz glaubt, falls er ihn verwirkliche, Gewaltthaten von seiten Guibelins gegen den jungen Aymeri erwarten zu müssen. Doch der Graf tritt dieser Befürchtung mit der scharfen Drohung entgegen, Guibelin des Landes zu verweisen, wenn er sich seinem Willen widersetzen würde. „Ihm habe er eine mächtige Herrschaft zugedacht: die 100türmige Stadt des Heidenkönigs Judas, Andrenas, mit ihren 100 Marmorpalästen. Die solle sich Guibelin erwerben und mit ihr die Hand der bis an's Rote Meer wegen ihrer Schönheit gepriesenen Königstochter Augalete". (A 240d 49; B 157b 42; C 152d 19; D 176c 27.)

80] Als die Gräfin eben ihre Vorstellungen, Guibert doch nicht einer solchen augenscheinlichen Gefahr unter dem wilden Heidenvolke auszusetzen, geendet hat, betritt dieser mit einer Schar von 1000 Rittern den Saal. Soeben ist er zurückgekehrt von einem Kriegszuge gegen die Sarazenen in Spanien, deren starke Stadt Tudele sie bezwangen, grosse Beute an Herden und unzählige Kriegsgefangene befinden sich in seinem Gefolge, von seinem Vater wird er mit heissen Segenswünschen bewillkommt. „Dir gebührt grosser Reichtum und die Herrschaft über Länder und Marken," so redet dieser ihn an, „und es wird dir beides werden *se diex me beneïe*".

Guibert lässt sich aber, als er auf sein Befragen den Namen des Erben von Nerbone vernimmt, in seinem Zorne soweit hinreissen, seinen greisen Vater zu schmähen, und Aymeri droht ihn zu verstossen, falls er sich fürder widerspenstig zeige. Doch Guibelin dadurch in nur noch grössere Wut versetzt, höhnt weiter, indem er sich an seine Barone mit folgenden Worten

---

[1]) Guibelin Diminutiv v. Guibert.
[2]) Die hierauf bezügliche Stelle in der Hist. litt. p. 498: „*Cest à son filleul Aimeri, qu'il réserve son héritage*" bleibt ohne eine nähere Erklärung, wie Aymeri zu diesem Patenkinde gekommen ist, unklar.

wendet: „Oëz baron, ce dist Guibers li ber, Comme mes peres me veult desheriter! A .i. estrange veult sa terre donner, Et si me donne Andrenas sor la mer, Ou K[ar]l[e]m[aine] n'osa onques aler. Viex est mes peres, si a son tams usé, Mien escïent .viii. xx.[1]) anz a passez. De son palais ne se puet remuer, Sus .iiii. coutes le couuient reposer Et oreilliers de soie et de cendel Et couuertoirs qui sont gris et fourré. Tant de coussins couuient sus lui doubler, Nes porroit on de .xx. mars acheter. Par deuant lui fet sa messe chanter, Et puis se fet à mengier aporter Grues et jantes et paons empeurez; Tant en mengue, qu'il a cras les costez, Tout pour son cuer qu'il velt resuigourer. Adont, si dist, ie te voudrai mener Tel, que paiens ne porront endurer." (A 204f 16—35; B 157d 27—158a 2; C 153b 3—23; D 177a 20—177b 1)

Aymeri verwünscht ihn auf's heftigste ob solcher Reden und verheisst ihm das Gegenteil beweisen zu wollen: Er selbst werde sich bewaffnen und gegen die Heiden mit ausziehen; seine wackern Söhne und Enkel werde er zu diesem Zuge entbieten, die ihn mit einer Heeresmacht von 50 000[2]) Mann unterstützen würden. Bevor 4 Monate verstrichen wären, würde man auf dem Marsche nach Andrenas sein, nach deren Einnahme Guibert die schöne Augalete heiraten und mit ihr gekrönt werden solle.

Guibert durch diese Zusage völlig zufrieden gestellt und mit seinem Vater wieder ausgesöhnt, verzichtet nun freiwillig auf die Erbschaft von Nerbone zu Gunsten des jungen Aymeri, und der alte Aymeri dankt ihm dafür. (A 241a 22; B 158a 42; C 153c 19; D 177c 1.) —

81] Über die Nachgiebigkeit seines Sohnes höchst erfreut, übergiebt er darauf Nerbone seinem Patenkinde mit der Mahnung, es gegen die Heiden wohl zu schützen; mit eigener Hand erteilt er ihm den Ritterschlag, damit auch er an dem Kriegszuge nach Spanien teilnehme; es finden dann auf einer Wiese Ritterspiele statt. Bei dieser „quintaine" legt der „filleul" Aymerïet eine solche Kraft und Gewandtheit an den Tag, dass Aymeri, ganz entzückt davon, seine Barone um sich versammelt und ihnen als den wahren Namen von Aymerïets Vater den Karls des Grossen verrät. Alle kehren nach dem Palaste zurück, Aymeri nochmals Guibert die baldige Erfüllung seines gegebenen Versprechens verheissend. (A 241c 7; B 158d 1; C 154a 20; D 178a 20.)

---

[1]) C 153b 9 u. D 177a 26 lesen. vii .xx.
[2]) D 177b 17: 60 000.

82] Im Palaste angelangt, giebt Aymeri seinen Boten Perron und Elipant den Auftrag, Bernart von Brubant mit 10 000 Waffenträgern nach Nerbone zu entbieten, sowie Guielin, Bertrant, Gautier de Termes, Guichart, Huon de Florivile und Guibert de Terascone gleichfalls zu benachrichtigen. Guinant und Achart sendet er zu Ernaut, *„au felon rous"*, nach Gironde, um von ihm eine Hülfstruppe von 15 000 [1]) wohlausgerüsteten Kriegern zu fordern. Noch selbigen Tages sind die Boten zu Ross zu Ernaut geeilt und haben ihm den Auftrag überbracht, dem dieser gern zu folgen verspricht. Seinen Seneschall Helye und Guinemant sendet der Graf zu gleichem Zwecke nach Anseüne. (A 241d 29; B 159a 32; C 154c 5; D 178c 21.)

83] Unterdessen beruft Aymeri im Palaste die Barone zu sich, um ihnen zu verkünden, dass man vergessen habe, Guillaume von Orenge zu benachrichtigen; *„ie meïsmes irai por le baron"*, ruft er aus. Joffroi von Anjou erhält den Befehl, zu Buevon de Commarchis zu eilen, während Guibert Aymer *„le chetif"* aufsuchen soll. Guibert widerstrebt anfangs diesem Auftrage, da er seinen Bruder nicht zu finden wisse, fügt sich aber schliesslich dem ausdrücklichen Befehle seines Vaters. Dieser selbst bricht am nächsten Morgen nach Orenge und kurz nach ihm Guibert nach Spanien auf. Letzterer findet Aymer 15 [2]) Meilen seitwärts von Balesguer, als er eben von einem siegreichen Zuge gegen die Sarazenen zurückkommt, bei dem er einen König gestürzt und 3000 Heiden vernichtet hat. Nach herzlicher Begrüssung ziehen sie zusammen nach Nerbone, wo Ermengart, durch einen Boten von Aymers Rückkehr benachrichtigt, ihm entgegeneilt und ihn mit zärtlicher Umarmung empfängt. (A 241e 23; B 159b 35; C 154d 9; D 178d 33.)

84] Mittlerweile ist der alte Aymeri auch in Orenge in Guillaumes Palaste angelangt, wo er von seinem Sohne in freundlicher Weise, aber besonders herzlich von Guiborc, dessen Gemahlin, aufgenommen wird. Guillaume ist unwillig darüber, dass sich sein Vater bei seinem hohen Alter noch einer so anstrengenden Reise unterzogen hat. Er fragt ihn nach seinem Begehr. Aymeri unterrichtet ihn von seinen Plänen. Guillaume verspricht seinen Beistand. Bereits am nächstfolgenden Tage steht ihm ein Heer von 20 000 [3]) Mann zur Verfügung. Guiborc

---

[1]) D 178b 8: .x. mil.
[2]) B 159b 22 zählt 16 Meilen.
[3]) C 155a 31; D 179b 24: .X. M.

erteilt ihnen den Segen. Unter Guillaumes und Aymeris Führung ziehen sie über Arle, wo sie den Rhonefluss passieren, nach Nerbone. (A 241 f 43; B 159 d 20; C 155 a 36; D 179 b 29.)

86] So waren schon 3 Söhne Aymeris versammelt. Am andern Morgen rückt auch Bernart von Brubant mit seinen Scharen heran. Als Aymeri sie mit seiner Gattin und Guillaume von den Fenstern des Palastes aus bemerkt, ruft er hoffnungsvoll aus: *„Mar i entrerent Sarrazin et Perssant. Se les trouons sor Andrenas la grant, Maint en ferons couroucié et dolant, Toute la terre penrons mien escïent, Si la donrai Guibelin mon enfant Et Augalete o le cors auenant. S'il plaist à dieu le pere roiamant, Rois sera de la terre.“* (A 242 a 6—13; B 159 d 36—43; C 155 b 7—14; D 179 c 5—12.)

Ein ähnlicher Herzenserguss fliesst von seinen Lippen, als er Ernaut *„o sa riche compaigne“* Nerbone zueilen sieht. Auch Garin d'Anseüne, Guibert de Terascone, Gautier de Termes, Sohier del Planteïz,[1] Huon de Florivile und Fouquere zeigen sich in der Ferne; da drängt es den Grafen, seinen Vasallen entgegenzureiten. Er begrüsst sie alle herzlichst und geleitet sie nach dem Palaste. Die Truppen schlagen ihre Zelte vor den Stadtmauern auf. Aymeri versammelt dann alle seine Verwandten und Barone um sich, und Ermengart setzt ihnen nochmals die Pläne ihres Gemahls auseinander. Sie versprechen einstimmig: *„ne li faudrons en trestout nostre aé“*. Aymeri verheisst ihnen dankend guten Sold für ihre Dienste. Die *„tresors“* werden herbeigebracht und unter allgemeinem Jubel geht der Tag zur Neige. (A 242 b 23; B 160 b 19; C 155 c 35; D 180 a 3.)

86] Bei Anbruch des nächsten Morgens rüsten sich die Heere zum Aufbruch. Ermengart segnet sie; 30 000 Mann stark ziehen sie gegen Andrenas. Nach 8tägigem Marsche erreichen sie Balesguer, eine mächtige, wohlbefestigte Stadt Spaniens, die auf einem Felsen gelegen auf 2 Seiten von Flüssen, Farfaigne[2] und Verbuant,[3] auf natürliche Weise gesichert ist. Keine Brücke führt hinüber. Der Unkundige sucht vergeblich nach einer Furt. In Farfaigne steht ein fester Turm zum Schutze der Stadt, die niemand ohne Einbusse an Geld oder

---

[1] B 160 a 26: Soihier; C 155 b 42; D 179 d 4: Soef. cf. No. 79 Anm. 4 die andern Varianten dieses Namens.
[2] Varianten: Fafanje, Falvaine, Farfaine und Farvainne.
[3] Varianten: Briant, Bruiant, Brulant, Verbriant, Verbrie, Verbruiant, Verbue.

Leben betreten kann. (A 242c1; B 160c7; C 155d22; D 180a35.)[1])

87] Die Heiden, die den Turm besetzt haben, erfasst Schrecken, als sie die Feinde, mit funkelnden Waffen angethan, gegen Balesguer heranrücken sehen. Im Nu sind der König Bauduc und sein Volk gerüstet; zu Ross stürmen sie durch die Ebene den Franzosen entgegen. Aymeri erhält davon Kunde. Eilig rüstet er sich, entbietet 3 seiner Söhne zu sich und spornt sie zur Tapferkeit an. Dann fährt er fort: *„Vo peres sui, tenir me deuez chier, Et si sui uiex, ice ne puis noier. Pieça ne fui en fort estor plenier, Tele heure vi que bien mi soi aidier. Sor sarrazins me vueil hui essaier, Sauoir, se puis or mes armes baillier; .I. petit don à vous trestouz requier, Que sor paiens fiere le cop premier.“* (A 242c53—d7; B 160d15—22; C 156a 30—37; D 180c13—20.)

Mit Freuden gewährt ihm Guillaume die Bitte. Aymeri reitet gegen einen Heiden los und schleudert ihn vom Rosse tot zu Boden. Auf seinen Schlachtruf *„Nerbone“* hin setzt sich das ganze Franzosenheer gegen die Sarazenen in Bewegung. Es entsteht ein blutiges Handgemenge mit bedeutenden Verlusten auf heidnischer Seite. (A 242d36; B 161a 7; C 156b22; D 180d12.)

88] Mitten in dem Schlachtgetümmel tritt Corsuble, *„.i. roy desmesuré“*, Guillaume entgegen und fordert ihn mit überlegener Miene zum Zweikampfe heraus. Guillaume erteilt ihm einen so wuchtigen Schlag, dass er gespaltenen Hauptes zusammenbricht; Corsubles vielgepriesenes Ross übergiebt er seinem Neffen Bertrant mit der Aufforderung, es statt des seinen zu besteigen. Da sehen sich beide rings von Feinden umzingelt; Guillaume jedoch vertraut auf seine Kraft und ruft Bertrant zu: *... ie et vous, se lez moi vous tenez, Desseuerrons la presse.“* (A 242e25; B 161b5; C 156c17; D 181a15.)

89] Während diese beiden sich mit vereinten Kräften aus der Feindesmitte herausschlagen, kommen auf der andern Seite des Schlachtfeldes Aymeri,[2]) Aymer und Ernaut in arge Bedrängnis im Kampfe gegen Bauduc und sein Gefolge. Auf beiden Seiten sind bereits viele Kämpfer gefallen. Da kommen Guillaume

---

[1]) Abschnitt 81—86 sind in der Hist. litt. XXII, 500 zusammengefasst in den wenigen Worten: *„L'armée, bientôt réunie de toutes parts, entre en Espagne; les premiers engagements ont lieu sous les murs de Balesguez, aujourd'hui Balaguer, en Catalogne.“* Von dem *„adoubcment“* und der Belehnung Aymeriets mit Nerbone wird nichts berichtet.
[2]) D erwähnt den alten Aymeri nicht.

und Bertrant den Ihren zu Hülfe. Auch Aymerïet ist her-
beigeeilt und drängt sich zum Zweikampfe mit Bauduc vor.
Obwohl ihn sein Pate davor warnt, schlägt er doch im Vertrauen auf seine Kraft auf den Sarazenenfürsten los. Er
spaltet ihm zwar den Schild und zerhaut ihm die Rüstung, doch
zu töten vermag er ihn nicht. Aymeri, Aymer und Ernaut
beeilen sich dem „filleul" beizustehen, der Heide entkommt
jedoch aus dem Knäuel durch die Furt nach dem jenseitigen
Ufer der Farfaigne. Aymerïet ist seinem Gegner in einer
gewissen Entfernung gefolgt. Er erreicht den Fluss, kann
aber die Furt nicht finden. Mutig stürzt er sich in den
Strom, dessen Wellen über seinem Haupte zusammenschlagen.
Aymeri ruft, da er sein Patenkind in Gefahr glaubt, Gott um
Schutz für ihn an. Glücklich erreicht dieser das Land, nachdem
er sich von einem gewaltigen Schlage Bauducs, der ihm fast die
Sinne raubte, wieder erholt hat. Mit kräftiger Hand versetzt
er Bauduc einen wuchtigen Schwerthieb, sodass dieser die Flucht
ergreift. Aymerïet, von der Verfolgung des Feindes nicht ab-
lassend, holt ihn endlich ein, da ihm das Ross unterm Leibe
zusammengebrochen ist. Schon ist er im Begriff, dem Heiden
das Haupt vom Rumpfe zu trennen, als Bauduc um Schonung
fleht und sich auf Gnade und Ungnade ergiebt. Aymerïet lässt
ihn mit auf sein Pferd Marquant steigen, um mit ihm zum
Franzosenheere zurückzukehren. Am Flusse angelangt, zwingt
er ihn unter Drohungen, ihm die Furt zu zeigen. So kommen
sie beide wohlbehalten vor Aymeris Zelte an, wohin die Barone
und Grafen zusammenströmen, um den gefangenen Heidenkönig
anzustaunen. (A 243 a 44; B 161 d 42; C 157 b 2; D 181 d 23.)[1]
90] Aymeri sichert Bauduc das Leben zu und verspricht ihm
sogar sein Land zu lassen oder freien Abzug mit den Seinen
und 30 seiner besten Freunde zu gewähren, wenn er sich
zum Christentume bekehre und die Übergabe von Balesguer er-
mögliche. Bauduc entzückt von Aymeris Grossmut rät ihm,
um in die Stadt dringen zu können, zu folgender List: *„Faites
en l'ost .C. cheualiers monter Et vos buisines gresloier et soner!
Tres par deuant les pors de Balesguer Fetes .i. feu et .i. ré
alumer, Si me fetes (!) à la flame mener Et tout nus piez sans chauce
et sanz souler!*[2] *Je ai .iij. filz qui tuit sont bacheler De ma*

---

[1]) Abschnitt 87 — 89 ist in der Hist. litt. XXII, 500 in den paar
Worten: „*Dans une de ces actions le roi Baudus tombe aux mains des
chrétiens*" ausgedrückt. Der Zweikampf Guillaumes mit Corsuble ist gar
nicht erwähnt.

[2]) C 157 b 40 liest hier: „*Nu et nuz pié, sanz chauce, sanz soller*";
D 182 a 24: „*Nuz piez, an langes, sanz chauce et sanz soler*". —

*moullier qui molt fet à loër. Desus les murs uenront por esgarder;
Et cuidiez-vous, qu'il puissent endurer, Que deuant eus me uoient
tormenter?* — *Nenil uoir, sire, ce vous di sanz douter; Tost vous
feront la cité deliurer Et tout ice que saurez demander, Tout por
mon cors garantir et tensser.*" (A 243b 25—39; B 162a 32—b 2;
C 157b 35—c 4; D 182a 19—33.)

Aymeri befolgt diesen Vorschlag und erreicht in der That,
dass ihm die Thore der Stadt geöffnet werden. Der König
Bauduc jedoch verlässt, anstatt sich taufen zu lassen, mit den
Seinen Balesguer, um sich mit Judas, dem Könige von Andrenas,
zu vereinigen. [1]Die Franzosen besetzen die Stadt, metzeln
1000 Heiden nieder, während Aymeri mit seinen Baronen in
den Palast gestiegen ist. Traurigen Herzens verlässt Bauduc
sein Land; vergebens rufen in der Stadt die ihrem Unter-
gange entgegensehenden Heiden ihn um Beistand an. Er eilt
davon, bis er nach 8tägigem Marsche zu seinem Vetter Barbaquant *„à la roche Arsis"* gelangt. (A 243c 34; B 162c 6;
C 157d 6; D 182c 5.)

91] Tief betrübt erzählt er ihm sein Missgeschick und fordert
ihn auf, nach Andrenas vorauszueilen und Judas die Unglücks-
botschaft zu überbringen. Der König Judas, traurig über die
Kunde vom Sturze seines Neffen, schwört Aymeri ewiges
Verderben zu. Auf Barbaquants Bitte eilt er Bauduc entgegen und nimmt ihn und die Seinen nach herzlicher Begrüssung freundlichst in seine Stadt auf; Aymeri aber und
dessen ganzem Geschlechte verheisst er Rache.

In der Stadt angekommen lassen sich die Fürsten unter *„le
pin verdoiant"* nieder; 4 *„puceles"*, Soline, Lunete,[2] Fauke, oder
auch Faukete genannt, und Augalete, *„la fille l'amirant"*, er-
scheinen. Die letztgenannte befragt Bauduc, ob Aymeri mit
seinen Söhnen und andern Verwandten gegen Andrenas heranrücken werde. Bauduc bejaht es und verkündet ihr zugleich
Aymeris Absicht, sie mit seinem Sohne Guibert zu vermählen.

P. Paris lässt Bauduc sagen (XXII, 500): *„Conduisez-moi en chemise
sous les murs de la ville."* Hs. B, die ihm nur bekannt war, berichtet
nichts davon. Ebenso ist das folgende: *„Faites mine de vouloir me
trancher la tête; aussitôt que les messagers vous arriveront de la part de
ma femme Galiene et de mes fils . . ."* zu frei gestaltet worden.

[1]) Über das Folgende von hier an bis incl. Abschnitt 92 ist in der
Hist. litt. nichts erzählt als: *Maitres de Balesguez, les Français poursuivent
leur route jusqu' à Andrenas.* P. Paris führt dann fort: *Là se trouvaient
réunies toutes les forces des mécréants* etc. Darauf werden die Kämpfe
unter den Mauern von Andrenas erzählt. (cf. No. 93 ff.)

[2]) C 158a 11 wird sie *Luce* genannt, während sie v. 37 dann wie
in den andern Hss. *Lunete* heisst.

Die „*puceles*" eilen, als sie dies gehört, scherzend davon; an
dem Garten Corsubles machen sie Halt; da erzählt ihnen Soline folgenden Traum: „*A nuit soniai .i. songe molt pesant, Que
de Nerb[one] uenoit .i. faux uolant; .VII. fauconcel le venoient
siuant; .I. en i ot merueillous et poissant, Augalete prenoit parmi les
flans, Une flourete li metoit el deuant.*" (A 243d 53 – e 5; B
162d 34—39; C 158a 26 —31; D 182d 39—183a 5.)
Faukete[1]) weiss diesen Traum sogleich richtig zu deuten.
Sie sagt: ... „*ie sai ueraiement, Que c'est Guibers, filz Ay[meri]
le franc, Qui la penra à moullier uoirement.*" „*Por celi songe,
dont tu m'as fet ioiant, Tien, ie te doins, le palazin Bertrant,
Lunete aura Guielin le sachant, Faukete aura Girart le combatant; Bien vous ai mariées.*" (A 243e 6—13; B 162d 40—162*a
[fehlt; cf. No. 7 Anm.]; C 158a 32—39; D 183a 6—13.)

92] Am nächsten Morgen entbietet Judas seine Boten Galerien
„*l'aufage*", Athenas und andere zu sich; er schwört bei Mahomet „*et s'ymage*" Aymeris Geschlechte den Untergang und
vergeudet die Zeit mit eitlen Prahlereien. Unterdessen nähern
sich die Franzosen eilends der Stadt Andrenas. Schon sind
sie fast bis an den Fluss herangekommen, da beruft Aymeri
eine Versammlung seiner Barone, um mit ihnen zu beraten,
wen man aussenden solle, die grossen Viehherden auf den
Wiesen vor der Stadt zu erbeuten und dem Heere zuzuführen.
Aymeriet erbietet sich keck dazu; Guibert schmäht ihn deshalb. — Das reizt den Zorn des alten Aymeri, der Guibert
antwortet: „*Cuiuert, ... diex te doint encombrier; Vieus tu
dont ci à mon filluel tencier? Ne fu il filz au duc Tierri le fier
Qui la moitié de France ot à baillier. Son home estes, ce ne
poëz noier, Droit li ferez par le cors S[aint] Richier.*" (A 243f
15—20; B 162*b 14—19; C 158b 44—c 4; D 183b 31—36.)
Der Streit wird geschlichtet; beide werden dazu bestimmt,
mit einer Schar von 100 Mann die Beute zu machen; zugleich
warnt Aymeri Guibert vor Gewaltthätigkeiten gegen Aymeriet.
Guibert verkündet seinen Freunden unter Thränen die ihm
angethane Demütigung und ruft aus: „*Quens Ay[meris] nous
maine malement Por son filluel que il par aime tant.*" (A 243f
39—40; B 162*b 38–39; C 158c 23—24; D 183c 16—17.)
Er teilt ihnen den ihm gewordenen Befehl mit, den sie dann
unter blutigen Kämpfen ausführen. Schon treiben sie das Vieh

---

[1]) C 158a 32 und D 183a 6 deutet *Agaiete* den Traum; beide Hss.
lesen infolgedessen dann: *Qui (D: Si) me prendra* .... Jedenfalls ist
diese Lesart die bessere wegen des unvermeidlichen aber ganz unver-
mittelten Redewechsels in A B. —

ihrem Heere zu, als sie plötzlich aus einem Hinterhalte von einem heidnischen Riesenvolke überfallen werden und ihrer Beute verlustig gehen. Gui, Bertrant, Gautier de Termes und Girart geraten sogar in Gefangenschaft. Aymeri, davon benachrichtigt, befreit sie mit Hülfe seiner Söhne und eines ·Trupps von 500 Mann, jagt die Riesen in die Flucht und gewinnt die Beute zurück.

Kaum haben sie diese zu ihren Zelten gebracht und verteilt, als ihnen schon wieder neue in die Hände läuft. Aymeri erblickt eine von 10[1]) *„marcheans"* geführte Handelskaravane, die auf 100 Lasttieren Gold und Silber nach Andrenas führen wollen. Aymer, *„qui onc n'ama Sarrazins ne Escler"*, allen voran, stürmt auf sie los; die Kaufleute werden getötet; ihre Habe wird nach den Zelten gebracht und verteilt. (A 244b 51; B 163a 24; C 159b 11; D 184b 25.)

93] Des Nachts rücken die Franzosen so weit gegen die feindliche Stadt vor, dass sie dieselbe in der Frühe auf einem Felsen vor sich liegen sehen. Aymeri rühmt sie als eine starke Festung, deren Fall nur nach Einnahme des davor errichteten Turmes möglich sei. Judas, der die Feinde mit ihren weithin funkelnden Rüstungen heranmarschieren sieht, ruft sein Volk zu den Waffen und legt ihnen die Verteidigung der Stadt warm an's Herz. Aymeri sendet Ernaut und Aymer unter Führung Guillaumes, auf den er sein höchstes Vertrauen setzt, voraus, um das vorliegende Gelände zu rekognoscieren, den Fluss zu überschreiten und die Furt zu verteidigen. (A 244d 11; B 163c 4; C 159c 37; D 184d 19.)

94] Guillaume verbirgt sich mit 3000 Mann in einem Obstgarten jenseits des Flusses. Nachdem er seine Rüstung in Ordnung gebracht hat, steigt er auf eine Anhöhe und fordert die Heiden zum Kampfe heraus. Die Damen im Palaste fragen sich neugierig nach dem Namen des mit so glänzenden Waffen ausgerüsteten Christen. Bauduc belehrt sie: *„Ce est Guill[aumes], ie l'ai bien auisé, Cil au court nés au corage aduré, Filz Ay[meri], le viel chenu barbé Qui tant paiens a vaincu et maté; Que ie le vi el fort estour champé Souz Balagué, l'amirable cité, Dont Franc[ois] m'ont à tort desherité."* (A 244d 34—40; B 163c 27—33; C 159d 19—25; D 185a 7—13.) — Augalete gedenkt daran anknüpfend Guiberts.

Inzwischen lässt Aymeri seine Belagerungsmaschinen unter dem Turme Argoline aufstellen. Durch vier geschlagene

---

[1]) B 163a 14 liest allein: „.xx. marcheans."

Breschen dringt eine grosse Schar ein. König Margot, der sich mit 1000 Heiden ihnen entgegenstellt, wird nach heftigem Kampfe mit grossen Verlusten auf seiten der Franzosen überwältigt und getötet. Argoline wird genommen. In einem Gewölbe finden sie die aus Gold und Silber gefertigten Figuren Mahomets und Tervagants, die sie zerstückeln und untereinander verteilen. Fünf[1]) aus dem Gemetzel entronnene Sarazenen eilen zu Judas, der, als er die Nachricht von der Einnahme des Turmes und der Zertrümmerung der heidnischen Götterbilder erhält, fast in Verzweiflung gerät. Nur mit Mühe vermögen ihn die Boten davon abzuhalten, dass er Hand an sich legt. (A 244 f 15; B 164 a 28; C 160 b 21; D 185 c 18.)

95] Grosse Freude herrscht in Andrenas, als bei Anbruch des nächsten Tages König Malagu mit einer starken Heeresmacht den Bedrängten zu Hülfe kommt. Judas erzählt ihm von Guillaumes Herausforderung, die Malagu ungesäumt annimmt. Noch selbigen Tages verheisst er ihnen, *„le chief de lui . . . aporter“*, und Augalete verspricht ihm ihre *„tresors“* dafür. Bauduc will ihm beistehen, was Malagu billigt. Beide rüsten sich und sprengen zum Thore hinaus Guillaume entgegen. Dieser ruft, als er sie von Ferne erblickt, Gott um Schutz an, besteigt schnell sein Ross und stürmt auf sie los. Malagu sinkt tötlich getroffen zu Boden. Bauduc wendet sich zur Flucht. Die Heiden in der Stadt fordern ihn, als sie ihn bemerken, unter Verwünschungen auf, den Tod Malagus zu rächen. Beschämt kehrt er um. Es folgt ein Zweikampf, in dem Bauduc nahe daran ist zu unterliegen; doch entzieht er sich seinem Verderben durch die Flucht. Guillaume folgt ihm. Bauducs Ross strauchelt und fällt; er flieht *„tous eslaissiés“* zu Fuss weiter. Der Graf ergreift das Ross und schickt sich an, zu den Seinen zurückzukehren. Da stellen sich ihm 5 Heiden in den Weg. Dem ersten schlägt er das Haupt ab, die andern vier bringt er kämpfend bis an die Furt, wo die Seinen in einem Hinterhalte liegen. Diese dringen mit ihren Scharen vor, während von feindlicher Seite Judas mit 100 000[2]) Mann entgegenrückt. Die grosse Schlacht beginnt (A 245 c 19; B 165 a 15; C 161 b 23; D 186 c 36.)[3])

---

[1]) C 160 b 1 ff.; D 185 b 36 ff. erzählen nur von 1 Sarazenen.

[2]) C 161 b 20; D 186 c 33 zählen .X. mile.

[3]) Die Einnahme des Turmes von Andrenas ist in der Hist. litt. nicht erzählt. Absch. 94—95 ist (p. 500) zusammengefasst in den Worten: *Dans un de ces combats, Guillaume, après avoir fait merveilles, parvient à grand'peine à se dégager du milieu d'une troupe nombreuse.“*

96] Judas kämpft mit Guillaume, wird besiegt und wäre getötet worden, wenn ihn nicht im letzten Augenblicke 70 Heiden aus seiner Bedrängnis befreit hätten. Sie alle wenden sich zur Flucht, der König an ihrer Spitze. Seinen Leuten ruft er zu: .... *„cheuauchiés aïtant! S'à Andrenas estoie el palais grant, N'en isteroie iamès en mon uiuant."* (A 245 c 42—44; B 165 a 38—40; C 161 c 6—8; D 186 d 22—24.) In Andrenas angelangt, schliessen sie die Thore hinter sich, während sich noch 500[1]) Sarazenen ausserhalb der Stadt befinden, die den Feinden zum Opfer fallen.

Mit Beute beladen kehren die Franzosen zu ihren Zelten zurück. Aymeri empfängt Guillaume mit den Worten: *„Sire G[uillaumes], com esploitié auez? Ou sont li turc que vous nous amenez? Se uous auez prison, si le rendez!"* (A 245 d 8—10; B 165 b 12—14; C 161 c 25—27; D 187 a 3—5.)

Guillaume, wütend ob dieser höhnischen Worte, antwortet seinem Vater in derselben Art und Weise. Der alte Aymeri, der sich stolz seiner Thaten rühmt, lässt sich dadurch zu heftigen Ausdrücken gegen seinen Sohn verleiten. Dieser lenkt ein, doch Aymeri, in seinem Ehrgefühl tief gekränkt, verspricht, schon am folgenden Morgen eine Probe seines Mutes zu geben. Guillaume erwidert noch: . . . *„or verrons que ferez; Fox est qui se uante"*, und der Streit ist beigelegt. (A 245 d 42; B 165 c 2; C 161 d 13; D 187 a 37.)

97] Die Nacht bricht herein; jeder begiebt sich in seine *„herbergerie"*. Nur Aymeri rüstet sich und verlässt zu Ross bei hellem Mondscheine das Lager. Von Ferne erblickt er Brulant und Achinart, die mit einer Abteilung Sarazenen Andrenas gegen einen Überfall schützen wollen. Von ihnen ungesehen gelangt er durch die Furt nach dem andern Flussufer. Er reitet die Anhöhe hinauf, *„si com il ot Guill[aume] couuenant"*. Da beginnt es zu tagen. Als Aymeri sein Horn zweimal laut ertönen lässt, rufen Achinart und Brulant aus: *„Ce sont Franc[ois] qui sonnent l'olifant; Ça est uenus par le mien esciant Quens Ay[meris] o le grenon ferrant Et si ami et si apartenant..."* (A 245 e 25—28; B 165 c 38—41; C 162 a 33—36; D 187 b 37—c 1) und ergreifen die Flucht.

Aymeri fordert die Feinde zum Kampfe heraus. Judas tadelt die Furcht seiner Barone vor einem Franzosen und fordert sie auf, ihm entgegenzutreten. Endlich erbietet sich Galien, mit Baufumé,[2]) Abalafre, Bruiant und Magaris dazu.

---

[1]) C 161 c 12 und D 186 d 28 zählen .c.
[2]) C nennt sie 162 b 20—21: Agolafre, Braimant und Margariz. D hat 187 c 23—24 dieselben Lesarten wie C bis auf *„Briemanz"* statt *„Braimant"*.

Sie bewaffnen sich und reiten gegen Aymeri los, der, als er sie gewahrt, zu Gott fleht: *„Garissiés moi de mort et de torment."* [1]) Der Kampf entspinnt sich. Galien bleibt als erster von ihnen auf dem Schlachtfelde. Bruiant, der Galien nicht für tot hält, feuert ihn vergebens an, sein Ross von neuem zu besteigen. Auch er und die 3 übrigen [2]) fallen. (A 246a 48; B 166b 35; C 163a 19; D 188b 22.)

98] Mit gespaltenem Schilde, das Panzerhemd *„desrout et desmaillié"*, ist Aymeri auf dem Rückwege zu den französischen Zelten begriffen, als er an der Furt von einer 100 [3]) Mann starken Heidenschar überfallen wird. Sein Pferd wird ihm unterm Leibe getötet. Immer dichter wird der Knäuel. Wacker verteidigt er sich nach allen Seiten hin. Sein Schwert ist ihm bereits zerbrochen, sogar sein Horn ist in Stücke gegangen. Waffenlos sucht er nach einem Ausgange aus der Feindesmitte. Inbrünstig bittet er Gott um Hülfe. Noch erschlägt er 4 Sarazenen mit den Steigbügeln, die er aus dem Sattel gezogen. Da befreit ihn Bauduc aus seiner bedrängten Lage. Mit lauter Stimme rät er Aymeri, sich gefangen zu geben, und versichert ihn seines Lebens aus Dankbarkeit für die ihm bei der Belagerung von Balesguer erwiesenen Wohlthaten. Der Graf ergiebt sich, und unter Corsolts Schutze wird er nach Andrenas geleitet. Judas äussert grosse Freude, als er von Corsolt den Namen des Gefangenen vernimmt. Höhnisch redet er ihn an: *„Ay[meri] sire, comment vous contenez?"* *„Molt richement"*, antwortet jener und fügt hinzu: *„Et comme cil cui est ceste cités?"* Judas entgegnet gereizt: .... *„Molt petit i auez, Je vous ferai ià les membres coper, Ardoir en feu et en poudre uenter."* (A 246c 30—35; B 166d 35—40; C 163c 28—33; D 188d 36—189a 1.) Auf Bauducs Fürsprache hin, der ihn vom Tode zu retten gedenkt, wird er einstweilen in einen Turm, [4]) dessen Pracht gerühmt wird, in Gewahrsam gebracht. (A 246c 43; B 167a 4; C 163c 41; D 189a 9.)

99] Hier findet er die schöne Augalete mit ihren Jungfrauen, *„qui la durent garder,"* versammelt. Bald sind Schachbrett und Tische herbeigebracht, um den alten Grafen zu erheitern, der seine Rüstung ablegt und sich mit den *„puceles"* zum Spiel niedersetzt. So verbringen sie die Stunden bis zum Abend. Da steigt in Augaletes Sinn der Gedanke auf, Aymeri

---

[1]) Das Gebet Aymeris ist in C (C 162c 6 ff.) länger als in A B D.
[2]) A und B erzählen den Tod des dritten der 5 Heiden nicht. cf. No. 17.
[3]) C 163a 29; D 188b 32: .M.
[4]) D 189a 9 liest: *chanbre.*

zu retten, um dann Guibert zum Gatten zu erhalten. Tag und Nacht sinnt sie darüber nach, wie sie ihren Plan, von dem sie auch Aymeri Mitteilung macht, ausführen könne. Er, darüber hoch erfreut, verspricht ihr zum Danke dafür seinen Sohn als Gemahl, mit dem sie gekrönt das Land ihres Vaters beherrschen solle. Augalete rät ihm, sich in dem uneinnehmbaren Turme zu verbarrikadieren, und bringt ihm Waffen herbei. Aymeri rüstet sich, verrammelt die Eingänge und hängt, *„por bien auiser"*, ein französisches Feldzeichen zum Fenster hinaus.

Judas, durch einen Boten vom Geschehenen benachrichtigt, eilt zum Turme, den er verschlossen findet. Er bittet seine Tochter, ihm zu öffnen, doch sie spiegelt vor, in Aymeris Gewalt zu sein, der die Schlüssel in seinem Besitz habe. Wütend ruft er ihr da zu: *„Vos fustes fox, ne vous quier à celer, Quant le feïstes ça dedenz osteler; Or poëz vous ueoïr et esprouuer Ce que l'en seult et oïr et conter, Qu'en sa meson seult l'en tel osteler Qui en la fin le fet tost hors bouter."* (A 246 d 51—e 3; B 167 b 20—24; C 164 a 20—25; D 189 b 30—35.) Aymeri, der Verwünschungen müde, die der Heidenkönig gegen ihn ausstösst, vertreibt ihn vom Turme dadurch, dass er einen gewaltigen Stein hinabgleiten lässt, der, wenn er Judas getroffen, ihn sicherlich getötet hätte. Als Judas einsieht, dass er nichts zu erreichen vermag, legt er sich zur Ruhe nieder. Doch der Schlaf meidet ihn; unter Wehklagen bringt er die Nacht hin. (A 246 e 14; B 167 b 35; C 164 a 37; D 189 c 7.)[1]

100] Im Heere der Franzosen sucht man vergebens nach Aymeri. Niemand vermag Auskunft über seinen Verbleib zu geben. Aymer rüstet sich und reitet in Galopp nach Andrenas hin. Unterwegs findet er seines Vaters Ross, darauf sein zerbrochenes Horn; und schon hält er ihn für tot. Von Schmerz und Rachbegier erfüllt, eilt er die Anhöhe hinauf und fordert mit vernehmlicher Stimme die Feinde zum Kampfe heraus. Da auf einmal erblickt er das Feldzeichen am Turmfenster, und es wird ihm klar, dass Aymeri sich im Turme befindet. Flugs kehrt er zu den Zelten zurück und verkündet den Baronen, was er gesehen. Sofort machen sich alle zum Sturme auf Andrenas bereit. Auch die Heiden bewaffnen sich und erwarten auf den Mauern der Stadt den heranrückenden Feind.

---

[1] Abschn. 97—99 giebt P. Paris (p. 501) in den wenigen Zeilen wieder: *Le lendemain, le bon Aimeri se fait retenir prisonnier des Sarrasins, et ne doit la vie qu'à l'intervention du roi Baudus et à la trahison de la belle Gaiete ou Augalete."*

Von neuem tobt die blutige Schlacht. Die Franzosen nähern ihre Maschinen der Stadtmauer, und das Zerstörungswerk beginnt. Viele Christen werden durch Steine und andre von Feindeshand geschleuderte Wurfgeschosse getötet. Die Grafen Guillaume und Aymer feuern ihre Leute zum Angriffe an. Hier haben sie bereits, wenn auch mit grossen Verlusten, die Mauer erstiegen, während dort eine ganz bedeutende Menge durch 4 Breschen in die Stadt eingedrungen ist. In wilder Hast eilen sie zu den Thoren, um die Zugbrücken niederzulassen, über die dann Guillaume und seine Barone hineinstürmen. —

Als Aymeri die Seinen in der Stadt weiss, öffnet er den Eingang des Turmes und stürzt sich in das Schlachtgetümmel; Augalete hat er im Turme eingeschlossen zurück gelassen. Da erblickt er den König Bauduc, den Guillaume, Guibert und Aymer verfolgen. Mit lauter Stimme ruft er seinen Söhnen zu: . . . *„Seignor, ne l'occïez, Car, s'il ne fust, mort fusse et afolez.“* (A 247a 18 — 19; B 168a 13 — 14; C 164d 19—20; D 190b 9—10.)

Bauduc ergiebt sich Aymeri und verspricht, sich und die Seinen taufen zu lassen; der Graf, darüber hoch erfreut, versichert ihn seines Schutzes und der Rückgabe von Balesguer. (A 247a 37; B 168a 32; C 164d 40; D 190b 30.)

101] Der König von Andrenas ist mit mehr als 100 seiner Leute in einen starken Turm geflohen; die Zugbrücken haben sie emporgezogen und dadurch eine grosse Zahl von Heiden den Franzosen preisgegeben, die mordend bis zum Turme vordringen. Aymeri fordert Judas auf, sich zum Christentume zu bekehren. Judas aber erwidert: . . . . *„Nul talent ne m'en prent, Car Mahons est de grant efforcement; Nel gerpiroie por tout l'or d'Orïent, Et se vous plest, faites moi .i. couuent Que par amor vous requier et demant: „Vez ceste tour qui est et haute et grant! Je saudrai ius, s'il vos uient à talent; Se Mah[omez] me veult estre garant, Que ie n'i aie mal ni encombrement, Vos m'en lairez aler sain et viuant Fors du roiaume et sanz encombrement.“* (A 247b 2 — 12; B 168b 6 — 16; C 165a 18 — 28; D 190c 15--25.)

Aymeri und seine Barone gestehen ihm das Gottesurteil willig zu. Der Heidenkönig ruft Mahomet um seinen Beistand an und springt in vollem Vertrauen auf ihn vom Turme herab. Zerschmettert bleibt er am Boden liegen. Die übrigen Heiden erkennen daraus die Ohnmacht Mahomets, den sie verwünschen, und versprechen sich zu bekehren. Sie verlassen den Turm und empfangen sogleich mit Bauduc und dessen Weibe die Taufe. Dieser erhält sein Land zurück und wird Vasall Guiberts, den Aymeri mit Andrenas belehnt. Acht Tage verweilen die Franzosen noch in der Stadt. Augalete wird Christin und mit Guibert vermählt. Beide werden gekrönt, und unter grossem Jubel wird die Hochzeit gefeiert, bei der Guibert und Aymeri sich durch Freigebigkeit hervorthun. (A 247 c 42; B 168 d 11; C 165 c 16; D 191 a 34.)

102] Am neunten Tage brechen die Franzosen wieder nach Nerbone auf. Guibert bleibt als König von Andrenas im Lande. Schweren Herzens sieht er seine Anverwandten von sich scheiden. Seine Mutter Ermengart, *„que il a tant amée"*, lässt er grüssen. Guibert begleitet sie noch ein grosses Stück Weges[1]), bis ihn sein Vater zur Umkehr mahnt. Nachdem ihm Aymeri noch 1000 *„cheualiers"* und 2000 *„serjanz"* über-lassen und ihm auf seine Bitte hin gestattet hat, Guielin, Bertrant, Gautier de Termes, Guichart,[2]) Huon de Florivile, Girbert[3]) de Terascone und Fouquere zurückzubehalten, trennen sich die Parteien.

Aymeri und seine Truppen passieren Balesguer,[4]) wo sie Bauduc zurücklassen. Als sie endlich in Nerbone anlangen, werden sie von Ermengart in zärtlicher Weise begrüsst. Doch sie vermisst ihren jüngsten Sohn. Aymeri verkündet ihr darauf: *„Dame, fet il, il est et sain et vis Et sires est d'un molt riche païs; C'est d'Andrenas, la cité seignori, Et tout le regne que nous auons conquis. Prise a Gaiete la bele o le cler vis; Salus vus mande li cheualiers hardis."* (A 247 d 40—45; B 169 a 22—27; C 165 d 18—22; D 191 c 10—15.)

Hierauf bereitet ihnen Ermengart ein grosses Freuden-fest und beschenkt sie mit *„robes et mantiaus vairs et gris".*[5]) Acht Tage dauert dieser Jubel; dann kehren die Ritter in ihre Heimat zurück. Die Söhne Aymeris verabschieden sich von ihrem Vater, der mit Ermengart, dem *„filluel de cui il fu seruis"* und *„molt poi de lor amis"* in Nerbone verbleibt.[6]) (A 247 e 10; B 169 b 1; C 165 d 38; D 191 c 33.)

---

[1]) A B: *lieuée;* C D: *iornée.*
[2]) C 165 c 43 hat *Girart.*
[3]) D 191 b 27: *Guibert.*
[4]) Fehlt in C.
[5]) Dies bleibt in C unerwähnt.
[6]) Am Schlusse seiner Analyse (p. 501) bricht P. Paris plötzlich die ausführlichere Erzählung ab und erwähnt nichts von den Kämpfen um die Stadt Andrenas vor der Belagerung und Erstürmung der Mauern. (Abschn. 100.) Der Rest der Chanson (Abschn. 101—103) ist in nur 5 Zeilen er-

103] So vergehen 5 bis 6 Jahre,[1]) in denen die beiden Alten kaum einen ihrer Söhne zu sehen bekommen. Aymeri wird mit jedem Tage schwächer und hilfloser, „*car plus auoit de .vij.xx. anz et .x.*", bis er schliesslich ganz an's Lager gefesselt ist. Ermengart ist deshalb in tiefer Trauer und grosser Besorgnis um sein Leben. Noch dazu ist das Land in Gefahr, da der König Looys von Frankreich von einem seiner rebellischen Vasallen, Huon Chapet[2]), hart bedrängt ist und Gefahr läuft, vom Throne gestürzt zu werden. —

III.
Quellenuntersuchung.

A. Anspielungen an verschiedene Chansons de geste.

104] Der Verfasser des G. d'A. scheint nicht nur mit älteren Chansons desselben Cyklus, sondern auch mit demselben fernerstehenden Dichtungen gut bekannt gewesen zu sein oder wenigstens von deren Sagenstoffen einige Kenntnis gehabt zu haben. Das beweisen Anspielungen an uns noch erhaltene Epen sowie an ein Gedicht, dessen frühere Existenz wir voraussetzen dürfen.

zählt. Er sagt darin: „*Aimeri . . . confirme le don de Narbonne à son neveu* (?), *du consentement de tous ses enfants.*" Hiervon wird jedoch weder in B noch in A C D etwas berichtet.

[1]) B 169b 2 lesen wir: . . . .*ij. ans tous acomplis* . . . .

B bricht hier mit folgenden Worten die Erzählung ab: „*D'euls vous lairai, plus n'en ferai deuis, Une autre fois y serai reuertis, Car bonne est l'istoire.*" (B 169 b 4—6.)

Es folgt dann eine Tirade von 15 Versen (B 169 b 7—21), die auf die Fortsetzung der „Enfances Vivien" überleitet. Wir finden sie abgedruckt p. 47 der Ausgabe der E. V. von C. Wahlund und H. v. Feilitzen. Upsala-Paris 1886. —

[2]) Ludw. IV. (Transmarinus, d'outre mer), Mitte d. 10. Jahrhunderts; wurde von Hugo von Francien (Hugo Capet, 987 zum König ausgerufen,) bedrängt.

105] Bereits Couraye Du Parc (cf. Introd. IX) und Demaison (cf. Introd. p. CCXI ff.) haben Anspielungen an eine Legende über einen „*Aymer le Chetif*" angeführt. Du Parc sagt: „Il en est de même pour les mentions fréquentes dans notre chanson des aventures d'Aïmer le Chétif en Espagne; on sait qu'il a existé sur ce personnage toute une légende que nous connaissons seulement par des allusions assez vagues d'autres chansons de geste."

Auch im G. d'A. finden wir solche Anspielungen an eine Chanson, in der Aymer die Hauptrolle gespielt haben muss. Es wird darin etwas Näheres über seine Gefangenschaft berichtet worden sein, die ihm den Beinamen „*le chetif*" verschaffte.

a) Gleich am Anfange unseres Gedichtes, wo die Söhne Aymeris und die Länder, die sie beherrschen, genannt werden, heisst es:

„Et en Espaigne Aymers li chetis . . ."
(A 240 c 17; B 157 a 3; C 152 b 17; D 176 a 17.)

b) A 241 d 46; B 159 b 5; C 154 c 23; D 178 d 2 wird Guibert von seinem Vater abgeschickt

„. . . querre le chetif Aymer",

und es heisst dann A 241 e 11 ff.; B 159 b 23 ff.; C 154 c 41 ff.; D 178 d 20 ff.:

Trouua Guibers le chetif Aymer   Desconfit ot .i. roi felon Escler,
Qui repairoit d'une terre preer;   .iij.M. paiens i ot fet deuïer.

c) A 247 e 6; B 169 a 41; C 165 d 34; D 191 c 29 heisst es endlich von ihm, nachdem von den andern Rittern erzählt ist, dass sie in ihre Heimat zurückgekehrt sind:

Et en Espaigne (sc.: uet) Aymers li chetis.

Aymer wird auch sonst noch verschiedene Male in unserm Epos mit diesem Beinamen „*li chetis*" belegt, den er auch in andern Chansons, wie S. d. N. (cf. Gautier IV, 330), Al. b (v. 2601 u. 4178), Aym. (v. 4590), Mt. A. (v. 547, 592, 1384) etc. führt.

Es folgen nun Anspielungen an noch erhaltene Gedichte:

106] *Le Departement des Enfans Almeri.*

a) A 240 c 14 ff.; B 156 d 14 ff.; C 152 b 14 ff.; D 176 a 14 ff. lesen wir:

„A Anseline, cel estrange païs,   Et en Espaigne Aymers li chetis,
Est .i. miens filz, Garins li poëstis,   Et à Brubant est Bernars li flouris,
Et à Orenge Guillaumes li marchis,   Et à Biaulande Ernaus li poëstis." [1]

---

[1] Über die Verwechselung Ernauts de Gironde mit Ernaut de Beaulande cf. No. 79 Anm. 3 u. No. 108.

Bueves de Commarchis ist hier vergessen, wird aber am Schlusse unserer Chanson, wo von der Rückkehr der Barone in ihre Länder die Rede ist, ausser in C mit erwähnt. Diese Anspielung steht:

b) A 247e1 ff.; B 169a 36 ff.; C 165d 30 ff.; D 191c 24 ff. und lautet:

A Anseüne est Garins reuertis,   Et à Orenge Guillaumes li marchis,[1])
Et à Brubant uet Beruars li floris,   Et en Gascoigne Bueues de Commarchis,
Et à Gironde uet Ernaus li -hardis,   Et en Espaigne Aymers li chetis. [1])

In dem „Departement des Enfans Aimeri" wird erzählt, wie die Söhne Aymeris mit Ausnahme Guillaumes und Aymers in den Besitz dieser Länder gelangen.[1]) (cf. Gautier IV, 318—319.)

107] *Siège de Narbonne.*

a) A 240c 20—21; B 157a 6—7; C 152b 20—21; D 176a 20—21:

N'a que Guibert remez en cest païs   Que en la crois mistrent li sarr[azin].

und b) A 240c 37—41; B 157a 23—27; C 152c 1—5; D 176b 4—8:

„Sire, fet ele, Guibelins le hardis   Por ce qu'en crois fu traueilliez et
Le doit auoir, par foy le vous pleuis,   mis
C'est le plus iosnes si est li plus petis,   El despit dieu, le roy de paradis."

Diese beiden Stellen beziehen sich auf die Kreuzigung Guibelins (Guiberts) im S. de N. (cf. Gaut. IV, 327.):

Während des Kampfes vor den Mauern Narbonnes ist der junge Guibelin in der Stadt zurückgelassen worden. Von einem unwiderstehlichen Thatendrange getrieben eilt auch er hinaus auf das Schlachtfeld, wird aber sofort gefangen genommen. Furchtsos weilt er im feindlichen Lager, und vergebens suchen ihn die Seinen. Nach dem Zweikampfe Roumans' mit Gadifer, in dem letzterer unterliegt, hat Aymeri eben von der Höhe der Mauer herab einen Heiden durch einen Pfeilschuss getötet, da plötzlich — erblickt er seinen jüngsten Sohn, den die Sarazenen an's Kreuz geschlagen haben. Wie ein Wahnsinniger stürzt er aus der Stadt, gelangt zu dem Kreuze und befreit Guibelin aus seiner qualvollen Lage. (Gaut. 325 ff.)

c) Eine andere Anspielung an den S. d. N. finden wir A 241f 15—16; B 159c 36—37; C 155a 8—9; D 179b 1—2, wo von Augalete gesagt wird, sie sei:

„Niece Clargis, le neueu l'amiré,   Qui à Nerbone recut crestienté."

---

[1]) Über die Erwerbung von Orenge durch Guillaume cf. No. 109, über die Spaniens durch Aymer cf. No. 105.

Nachdem im S. d. N. die Heiden durch Guillaume nach der letzten Schlacht vor Narbonne in die Flucht geschlagen worden sind, wird Clargis unter grossem Jubel und glänzenden Festlichkeiten zugleich mit dem Arzte Fourré in Narbonne getauft. (cf. Gaut. IV, 331.)

108] *Couronnement Looys.*

a) A 242d 42; B 161a 13; C 156b 28; D 180d 18:

„Ou es alez Guill*aume*s au court nez?“

und b) A 244d 34—35; B 163c 27—28; C 159d 19—20; D 185a 7—8:

„Ce est Guill*aume*s . . . . . .   Cil au court nés au corage aduré.“

Es spielen diese beiden Stellen an das Co. Lo. an, wo Corsolt im Zweikampfe mit Guillaume jenen berühmten Schlag führt, der dem Marquis den Beinamen „au court nez“ beibringt. (cf. Co. Lo. v. 1035 ff. u. 1158 ff.) —

V. 122 ff. wird im Co. Lo. erzählt, wie Guillaume den Verräter Hernaut, der Looys enterben wollte, tötet.

Im G. d'A. nun findet sich nicht nur eine Verwechselung von Hernaut de Gironde mit Hernaut de Beaulande (cf. No. 79 Anm. 3 u. 106 Anm. 1), sondern auch des ersteren dieser beiden mit dem Verräter Hernaut. Wir lesen G. d'A. A 241c 28—31; B 158d 22—25; C 154a 41—44; D 178d 3—6:

„Droit à Gironde en irez la cité,   Au *felon* rous qui tant a de fierté.“
Dites Ernaut le vassal aduré,

Dies *„felon“* passt durchaus nicht zu den Epithetis, wie wir sie hier einen Vers vorher und auch sonst im G. d'A. bei Ernaut finden: *„li membruz“*, *„poësteïs“*, *„frans ientils“* u. s. w. (cf. hierzu Gaut. IV, 341 Anm. 3 und 508.)

109] *Prise d'Orange.*

a) A 242d 44; B 161a 15; C 156b 30; D 180d 20 sagt Corsuble zu Guillaume:

„Le roi Tieb*aut* as tu desherité.“

b) A 244d 43—44; B 163c 36—37; C 159d 28—29; D 185a 16—17 heisst es von Guillaume:

„Au roi Tieb*aut* fist itele vilté,   Qu'il li toli sa femme et sa cité.“

Auch sonst wird Guillaume im G. d'A. als Herrscher von Orange genannt (cf. No. 84 etc.). Unser Dichter kannte also sicher die „Prise d'Orange“, wo Guillaume durch eine List in die Stadt eindringt, sich der Liebe Orables, der Gemahlin Tiebauts, versichert und schliesslich nach Einnahme von Orange die Herrin heiratet, die dann in der Taufe den Namen Guibor erhält. (cf. v. 1872.)

110] *Aliscans.*

Der Vers A 242d 43; B 161a 14; C 156b 29; D 180d 19:

„Mort as mou oncle dont ie sui aïriez,“

von Corsuble zu Guillaume gesagt, bezieht sich vielleicht auf die Tötung Haucebiers, des Onkels von Corsuble, durch Renoart in Aliscans.[1]) Es liegt dann entweder eine Verwechselung Guillaumes und Renoarts vor, der in des ersteren Dienste stand, oder Corsuble zieht eben deswegen den Grafen für Renoart zur Rechenschaft.

111] *Foulque de Candie.*

a) A 240c 29—31; B 157a 15—17; C 152b 29—31; D 176a 29—31:

„Et Fouquerez li preuz et li hardis Conquist par force le destrier arraby.“ Ki uers Tiebaut, le fort roi poëstis,

b) A 242a 42—43; B 160a 28—29; C 155b 44—45; D 179d 6—7:

„Et Fouquerès qui conquist l'augalis Contre Tiebaut, lo fort roi des Perssis.“

c) A 245c 13; B 165a 9; C 161b 18; D 186c 30 und A 247d 21; B 168d 43; C 165d 1; D 191b 28:

Et Fouquerès qui conquist l'auferrant.

sind wohl Anspielungen an F. de C. (?), wo Tiebaut eine wichtige Rolle spielt.

112] *Entrée en Espagne.*

C 160b 29—30; D 185c 26—27[2]):

... roi Fernagu, Cil qui Rollanz ocist par sa uertu.

Diese Verse beziehen sich auf den Zweikampf zwischen Roland und dem Riesen Ferragus, in dem letzterer unterliegt. (cf. Hist. litt. XXVI, 354; Gaut. III (1880) p. 435. —

113] *Chanson de Roland.*

Da der Dichter von G. d'A. der Thaten Rolands in Anspielung an die „Entrée en Espagne" gedenkt, wird ihm auch die eigentliche „Chanson de Roland" bekannt gewesen sein, darauf lässt vielleicht auch Vers A 245b 49; B 164d 36; C 161a 39; D 186c 9 schliessen, welcher lautet:

„Et li quius sist el noir de Baligant.“

B. Inhaltliche und stilistische Berührungspunkte mit verschiedenen Chansons de geste.

114] An die Spitze dieses Abschnittes stelle ich diejenigen Chansons, welche auf Grund meiner Untersuchungen einen

---

[1]) cf. Al. b v. 4514 u. v. 6713 ff.
[2]) A 244f 23 und B 164a 36 haben: *roy Malostru;* der 2te der obigen Verse fehlt in A B ganz.

entschiedenen Einfluss auf G. d'A. erkennen lassen. Darauf
lasse ich die folgen, die einen solchen zweifelhaft, d. h. auch
den umgekehrten Fall, den Einfluss unseres Gedichtes auf die
betreffende Chanson, vermuten lassen; zum Schlusse endlich
behandele ich die, welche von G. d'A. beeinflusst sind.

a. Prise d'Orange.

115] Wie im S. de B., F. de C., Enfances Guillaume, Hernaut
de Beaulande, Renier de Gennes etc. (cf. Gaut. IV, 103 § 6),
so handelt es sich auch in der Pr. d'O. und G. d'A. um ein
Liebesverhältnis zwischen einer heidnischen Prinzessin und
einem christlichen Helden, nur dass sich hier ein noch stärkerer
Parallelismus der Handlung zeigt. Bereits P. Paris hatte in
der Hist. litt. XXII, 498 auf den dem G. d'A. mit dem S. d. B.
und der Pr. d'O. gemeinsamen Grundgedanken hingedeutet.
Vgl. hierzu auch Gorras Übersetzung von Nyrops „Storia dell'
epopea francese etc." p. 145—146.

In G. d'A. wird die Stadt Andrenas, in Pr. d'O. Orange
eingenommen, dort Augalete, hier Orable getauft. In G. d'A.
heiratet Guibert, in Pr. d'O. Guillaume eine heidnische Königstochter. In beiden Gedichten folgt dann ein glänzendes acht-
tägiges Fest.

Knüpfen wir hier an und sehen wir, was die beiden Gedichte ausser diesen „lieux communs" noch sonst für Situations-
ähnlichkeiten aufweisen:

116] Pr. d'O. v. 192 ff. wird Orange als eine stark befestigte
und wohl bewachte Stadt gerühmt und die Schönheit Orables
gepriesen. Man vergleiche hierzu G. d'A. A 240d 31—49;
B 157b 24—42; C 152d 1—19; D 176c 9—27, wo Andrenas
und Augalete verherrlicht werden. Aymeri sagt da:

„C'est Andernas, iĂ ne le quier celer,   Prince poissaut por la terre garder...
Une cité qui molt fet à loër,   Et Augalete la bele o le vis cler,
.C. tours i a que l'eu a fet fonder   Une pucele qui molt fet à loër;
Et .c. palais qui sont de marbre cler.   N'a si bele iusqu'à la Rouge-Mer." —
En chascune a ou paien ou Escler,

117] V. 860 ff. finden wir Guillaume mit Gillebert und Guielin
im Turme Gloriete „enserré", wo sie sich gegen Gewaltthaten
von seiten der Feinde geschützt glauben. Orable, die mit
ihnen ist, verschafft ihnen dann Waffen, die sie anlegen, um
sich kampfbereit zu halten.

Diese Stelle erinnert lebhaft an G. d'A. A 246d 34 ff.;
B 167b 3 ff.; C 164a 2 ff.; D 189b 12 ff., wo sich Aymeri und
Augalete im Turme von Andrenas gegen Angriffe der Sarazenen

eingeschlossen und verbarrikadiert haben. Augalete bringt dem Grafen Waffen herbei, mit denen er sich ausrüstet, um dann später am Kampfe teilzunehmen.[1]) (cf. No. 99.)

118] V. 1374 ff. verspricht Orable die französischen Barone zu retten, wenn Guillaume bereit sei, sie zur Gemahlin zu nehmen. Dasselbe verheisst Augalete Aymeri dafür, dass sie Guibert zum Gatten haben wird. (G. d'A. A 246d 5 ff.; B 167a 19 ff.; C 163d 14 ff.; D 189a 24 ff.) (cf. No. 99.)

119] V. 742 f. sind die Heiden zusammengelaufen,
Por les barons vëoir et esgarder.
Ebenso lesen wir G. d'A. A 243a 45—46; B 161d 43—44; C 157b 3—4; D 181d 24—25:

De toutes pars atinent li marchis   Si uont nëoir le roi qui estoit pris.

120] Wie inhaltlich so zeigen sich auch in stilistischer Hinsicht manche auffallende Übereinstimmungen in beiden Gedichten. Die Kampfesschilderungen gleichen einander recht sehr, zuweilen finden wir sogar gleiche Verse und Halbverse. Ich gebe nur folgende Beispiele:

a) Pr. d'O. v. 954—57 lauten:

Au col li pent un fort escu listé,   El poing li baille un fort espié quarré,
A un lion qui d'or fu coronez.[2])   A .v. clos d'or le confanon fermé.

G. d'A. A 241b 21—22; B 158c 6—7; C 153d 26—28; D 177d 18—20:

Au col li pendent .i. fort escu uoti, .I. confanon à .v. clox d'or clofi.[4])
Es poinz li baillent .i. roit espié forbi,[3])

b) v. 1864 f.:

Une grant cuve avoit fet aprester,   De l'eve clere firent dedenz giter....
und v. 1879 ff.:

Granz sont les noces sus el palès pavé... .VIII. jorz durerent à joie et à barné..

cf. hierzu A 247c 9 ff.; B 168c 22 ff.; C 165b 30 ff.; D 190d 37 ff.:

Enmi la uile ont .i. fons apresté   (C: Et si font metre de l'eue grant
En une cuue de vert marbre listé,   plenté.
    (Fehlt in C.)   D: D'eve font mestre . . .).[5])
Yaue i metent dedenz à grant plenté

und A 247c 22 ff.; B 168c 35 ff.; C 165b 41 ff. und D 191a 13 ff.:

.VIII. iors tous plains furent en la   Granz noces font en la sale pauée.
             cité . . .   De ioie fu la vile encourtinée . . .

---

[1]) cf. No. 142. (S. de B.)
[2]) A 242c 27; B 160c 33; C 156a 2; D 180b 22 wird ein „escu à lion" erwähnt.
[3]) fehlt in A B; deshalb ist diese Stelle C entnommen.
[4]) cf. No. 127 (Co. Lo.).
[5]) cf. No. 135 (Al.).

121] Es ist in beiden Chansons die Taufe der heidnischen Prinzessin und die Hochzeit in nur ganz wenigen Versen angedeutet. Jonckbloet sagt t. II, p. 78: „Il est bon d'observer que le poème primitif de la *Prise d'Orange* ne finissait probablement pas d'une manière si abrupte que la branche remaniée. Il est probable que le baptême et le mariage d'Orable y étaient racontés en détail.“

122] Da wir nun in G. d'A. Anspielungen an die Pr. d'O. finden (cf. No. 109), während der umgekehrte Fall nicht vorhanden ist, muss die Pr. d'O. es gewesen sein, die einen eben so kurzen Schluss in G. d'A. veranlasste und überhaupt unsere Chanson beeinflusste.

b. Aymeri de Narbonne.

123] Aym. ist dasjenige Gedicht, das G. d'A. am meisten hinsichtlich der Sprache gleicht. Demaison sagt zwar Introd. p. CIV: „A l'époque où fut composé *Aymeri de Narbonne,* le style des chansons de geste était jeté dans un moule passablement uniforme. On abusait alors des expressions banales, des clichés invariablement reproduits chaque fois que l'occasion s'en présentait. Les jongleurs avaient à leur disposition une série de phrases toutes faites, d'un emploi facile, dont ils se servaient sans cesse pour remplir et allonger leur couplets.“ Er weist dann auf P. Meyer hin, der in der Einleitung zum „Raoul de Cambrai“ (p. p. P. Meyer & A. Longnon, Paris 1882) p. LVIII—LX eine Liste solcher formelhaften Ausdrücke aufgestellt hat. Zum Schlusse aber sagt Demaison p. CV über den Dichter des Aym.: „En résumé, Bertrand est, pour la forme aussi bien que pour le fond, l'un des meilleurs poètes épiques de la période à laquelle il appartient.“

124] Wenn wir nun auch im G. d'A. genug solcher phrasenhaften Wendungen finden, so zeigt sich doch trotzdem noch eine Ähnlichkeit des Stiles beider Gedichte im grossen und ganzen, der uns auf einen Einfluss der einen der beiden Chansons auf die andere oder gar auf gleichen Verfasser schliessen lassen könnte. Man vergleiche Stellen wie:

a) Aym. Tirade XCIII und G. d'A. A 242a 34 ff.; B 160a 20 ff.; C 155b 35 ff.; D 179c 33 ff.:

Aymeris fu as fenestres assis
Et Ermengars, la contesse gentis,
Deuers senestre a retorné son vis
Et uoit uenir maint cheualier de pris..
„Gentil contesse, par le cors Saint-
Denis,
Je uueil issir encoutre mes amis.“

„Bien dites, sire,“ fet la dame gentis.
Atant monta sus .i. destrier de pris,
Contre ses genz va li quens Aymeris,
Les barons a baisiez et conioïs
Si en mena les barons seignouris
El palais de Nerbone.

b) Aym. XCI und G. d'A. A 245b 41 ff.; B 164d 28 ff.;
C 161a 31 ff.; D 186c 2 ff.:

Uaissent, Guillaumes s'en maine l'au- Aus ars d'aubonr uont encontre
  ferrant,   traiant;
L'antre destrier le uet aprez siuant Li quens Guillaumes se regarde sou-
Qui fu au roi Malagu le poissant.   uent,
Il nel perdra huimès mien esciant; Do sor d'Egypte grant enuie li prent.
Ensemble furent norri et longuement. Par tans ferra des grans cox sor la
.V. paien issent de la cité naillant,   gent . . . . .
L'uns sist el sor et l'autres el bau- .IIII. M. furent el premier chief deuant,
  chant, Et d'autre part i uint esperonant
Li tiers el griz et li quars el bruiant, Li rois Judas à . C . M . Perssanz
Et li quins sist el noir de Baligant. Qui sont issuz de la cité poissant,
Selonc .i. pui uont Guillaume ataig- Si aiousterent . ij . M . maintenant
  nant, Et d'une part et d'autre.

und A 245e 12 ff.; B 165c 25 ff.; C 162a 16 ff.; D 187b 23 ff.:

Aymeris fu plains de grant hardement Quens Aymeris o le grenon ferrant
Et par eage n'ot home si uaillant . . . Et si ami et si apartenant.
Son cor sona Aymeris le ferrant, S[e]il nous trueue, n'auons de mort
En la cité l'oïrent aïtant.   garant,
Autre fois sone Aymeris le ferrant, Fuions nous ent trop alons atendant."
Que bien l'oïrent Achinars et Brui- A ces paroles en sont tornez fuiant.
  lant . . . Quens Aymeris s'escria maintenant:
Dient paien: „Par mon dieu Terua- „Fil à putain, Sarrazin et Perssant,
  gant, As . ij . meillors bataille nous de-
Ce sont Francois qui sonent l'olifant.   mant . . . . ."
Ç'a est uenus par le mien esciant

c) Aym. CIV und G. d'A. A 244a 45 ff.; B 162*d 9 ff.;
C 158d 40 ff.; D 184a 4 ff.:

Li paien saillent grant et fier et corssu, Gautier de Termes et Girart le
As Nerbonois sont encontre uenu . . . .   membru
Noise demainent et grant cri et grant Ont pris à force li cunert mescrëu .
  hu, A Aymeri en est .i. mès uenu . . .
A nos barons sont encontre uenu. A tout .v.c. armez et feruestus
Maces ont granz et maint picot agu, Jusqu' à l'estor en sont courant uenu.
Et tex i a fort espiel esmolu ; Quant il i uindrent, fier estor ont rendu,
Cui il consiuent mors est et confonduz. Tant ruiste cop ont sor paiens feru,
Sor Francois ont tant caplé et feru, Bertran et Guy ont le iour seccouru
Gui et Bertran ont pris et retenu, Et [tos] les autres, qui ierent retenu . .

Man könnte so noch viele Tiraden einander gegenüber-
stellen, die sich in beiden Chansons sprachlich eng berühren,
doch die obigen mögen genügen.

125] Aym. v. 4655 wird als vierter Sohn der dritten Tochter
Aymeris Soef del Planteiz (A B: Soiés; E: Soiher; A B E: du
Plaisseis [1]) genannt. Es ist dies die einzige Stelle, wo ich
ausser in G. d'A. diesen Namen gefunden habe. In G. d'A.

---

[1]) Ich wähle hier zur bessern Vergleichung der Lesarten beider
Gedichte die für G. d'A. eingeführte Handschriften-Bezeichnung. Mit E
bezeichne ich die Hs. Bibl. Nat. 1448.

lautet er ebenfalls an 2 verschiedenen Stellen und in den Hss. verschieden. (Vgl. p. 23 Anm. 4 und 27 Anm. 1.) —

126] Dass nun aber Aym. und G. d'A. doch nicht von demselben Verfasser herstammen können, bezeugt uns folgender Umstand:

Aym. CXV, wo vom „*menor Guibelin*", dem siebenten Sohne Hermenjarts und Aymeris, gehandelt wird, heisst es am Schlusse:

Puis li dona Aymeris en la fin   Si fu oirs de Nerbone.
Tot son païs et son palès marbrin;

Es stehen diese Verse in direktem Widerspruche zu G. d'A., wo Aymeri seine Gemahlin um Rat fragt, wen er als Erben von Nerbone einsetzen solle, und er ihr, als sie Guibelin vorschlägt, antwortet:

„Ne place à dieu . . . . .   A cui ie doinse ne terre ne païs.
Que ià mes cors ait ne fille ne filz   Aillent conquerre aussi comme ie fis."

(A 240c 42—45; B 157a 28—31; C 152c 6—9; D 176b 9—12.)

Aymerïet, der Pate des alten Grafen, erhält dann Nerbone.

Dem Verfasser von Aym. kann demnach die Chanson G. d'A. nicht bekannt gewesen sein; es kann infolgedessen Aym. auch nicht von G. d'A. beeinflusst worden sein, sondern der umgekehrte Fall muss stattgefunden haben.

c. Couronnement Looys.

127] Inhaltlich berühren sich Co. Lo. und G. d'A. nicht, wohl aber zeigt die Sprache beider Epen zuweilen eine recht auffallende Ähnlichkeit; z. B. Co. Lo. v. 2474 ff.:

„Aportez mei mes plus chiers guar-   Ceinte a l'espee a son senestre flanc;
     nemenz!"   L'en li ameine le buen destrier corant..
Et cil respont: „Tot a vostre comant."   A son col pent un fort escu pesant,
L'en li aporte senz plus d'arestement.   Entre ses poinz un fort espié tren-
El dos li vestent son halberc jaserent..   chant,
Et puis li lacent un vert elme luisant,..   A cinc clos d'or un gonfanon i pent.

cf. hierzu G. d'A. A 241a 36 ff.; B 158b 12 ff.; C 153c 34 ff.; D 177c 16 ff.; die Stelle lautet nach C, wo die Übereinstimmung noch grösser als in A ist: (Aymeris)

„Totes mes armes aportez ci auant.."   Li caint l'espée au pont reflambiant...
„Sire, fet il, tot à uostre comant."   Puis li amoinent .i. destrier arrabi, ...
Totes ses armes li aportent deuant.   Molt tost i monte li filluel Aymeris;
El dos li uestent lo hauberc iazerant,   Au col li pendent .i. fort escu uoti,
El chief li lacent le uert eaume   Es poinz li baillent .i. roit espié forbi,
          luisant, ...I. confanon a .v. clox d'or clofi.

Co. Lo. v. 2495 ff. werden dieselben Zeilen mit Ausnahme nur weniger wiederholt.

128] Sonstige gleichlautende Verse sind z. B.

Co. Lo. v. 2145—46 u. G. d'A. A 245b 24—25; B 164d 11—12; C 161a 14—15; D 186b 24—25:

. . . ses escus est fendus et perciés Et ses haubers desrous et desmaillies.

Co. Lo. v. 2592 u. G. d'A. A 246a 31; B 166b 18; C 162d 42; D 188b 1:

Que flors et pierres en a ius trebuschié (C D: aval en abatié (D: abastié), u. s. w.

129] Nach dem, was wir aus den wenigen angeführten gleichen Lesarten entnehmen dürfen, kann also der Verfasser des G. d'A. mit dem Co. Lo., wohl dem älteren der beiden Gedichte, bekannt gewesen und hinsichtlich des Stils beeinflusst worden sein; allerdings sind wir ähnlichen Versen auch in der Pr. d'O. und Aym. begegnet. Gegen den umgekehrten Fall, dass G. d'A. auf das Co. Lo. eingewirkt haben könnte, spricht der Umstand, dass wir im Co. Lo. bei der erstangeführten Stelle für denselben Akt der Handlung auch eine fortlaufende — ant-Tirade vor uns sehen, während der Verfasser unserer Chanson uns eine zusammengehörige Erzählung in zwei endungsverschiedenen Tiraden giebt.

d. Aliscans.

130] In der „Bataille d'Aleschans oder d'Aliscans" spielt ein König Bauduc eine Rolle, die der des Bauduc im G. d'A. in mancher Hinsicht recht ähnelt.

In beiden Chansons (Al. b v. 5087 ff.; G. d'A. A 242c 39 ff.; B 160d 1 ff.; C 156a 16 ff.; D 180b 36 ff.) rückt Bauduc an der Spitze eines Sarazenenheeres den Franzosen entgegen. In Al. kommt Aymer, in G. d'A. ausser diesem noch Aymeri und Ernaut in eine bedrängte Lage im Kampfe mit ihm und seinem Gefolge (Al. b v. 5168 ff.; G. d'A. A 242e 26 ff.; B 161b 6 ff.; C 156c 18 ff.; D 181a 16 ff.), aus der sie durch andere Barone erlöst werden.[1]) In Al. finden wir dann Bauduc im Zweikampfe mit Renoart, in G. d'A. mit Aymeriet. (Al. b v. 7015 ff.; G. d'A. ebendas.) Bauduc unterliegt in beiden Gedichten nach langem Kampfe, fleht um Gnade und verheisst sich taufen zu lassen, was dann später erfolgt. (Al. b v. 8134 ff.; G. d'A. A 247c 9 ff.; B 168c 22 ff.; C 165b 30 ff.; D 190d 37 ff.)

131] Ein Unterschied der Situationen in den beiden Epen besteht darin, dass in Al. die beiden Gegner Bauduc und Renoart so lange kämpfen, bis sich ersterer ergeben muss. In G. d'A.

---

[1]) cf. No. 89.

4

dagegen flieht der Heide aus dem Handgemenge; Aymerïet verfolgt ihn, holt ihn schliesslich ein und zwingt ihn, sich zu unterwerfen.[1])

Ferner erfolgt in G. d'A. die Taufe Bauducs erst nach der Einnahme von Andrenas, nachdem der heidnische König zusammen mit Judas von Andrenas noch einmal gegen die Franzosen gefochten hat und zum zweiten Male unterlegen ist,[2]) in Al. gleich nach seiner Besiegung.

132] Als in Al. das französische Heer nach Orange kommt, befindet sich Guillaume mit seiner Gemahlin Guibourc am Turmfenster, und beide beobachten das Heranrücken der Truppenmassen. (Al. b v. 4125 ff.)

Man vergleiche dazu:

1) G. d'A. A 241f 49—242b 4; B 159d 26—160a 44; C 155a 42—155c 15; D 179b 35—179d 22, wo Aymeri und Ermengart der Ankunft ihrer Söhne vom Turme aus zuschauen und der alte Graf sie dann bewillkommt.

2) A 241e 11—23; B 159b 23—35; C 154c 41—d 9; D 178d 20—33, wo von Aymers Rückkehr aus Spanien erzählt wird. Die Stellen lauten nach A:

1.

Aymeris uint as fenestres au uent
Si regarda amont vers Orïent
Si uit uenir dant Bernart de Brubant,
En sa compaigne maint cheualier uaillant.
Li quens apele Ermengart la sachant,
Son filz Guill*aume* à l'aduré talent.
„Esgardez ça, dist li quens en riant,
Ça voi uenir dant Bernart de Brubant,
En sa compaigne a merueillouse gent,
Si home sont molt fier et combatant;
Mar i entrerent Sarra*zin* et Perssant.
Se les trouons sor Andrenas la grant,
Maint en ferons couroucié et dolant,
Toute la terre penrons mien escïent,
Si la donrai Guibelin mon enfant
Et Augalete o le cors auenant.
S'il plaist à dieu, le pere roiamant,
Rois sera de la terre.“

Aymeris fu dedenz la tour hataine,
Guill*aume* uoit si li monstre et enseigne:
„Esgardez,filz,par deuers celle plaigne,

Entre ce bois et icele montaigne
La uient *Hernaus* o sa riche compaigne,
Vez le dragon à cele riche enseign.
Que seult porter es grans olz *Karle-
maine!*
Auec lui a tant prince et tant chateigene
Par S*aint*-Malo qu'en aoure en Bre-
taigne.
Mar m'atendront li Sarra*zin*
d'Espaigne,
S'à Andrenas les truis en la campaigne,
Tant en morra, ainz que l'estor re-
maigne,
Couuers en iert et li uaux et la plaigne.
Quant pris aurons la fort cité de-
magne,
Guibers mes filz l'aura, couint qu'il
pregne,
Et Augalete penra sanz demouraigne,
Vne pucele de la geste Grifaigne.
Mes se dieu plest qui tous les biens
enseigne,
Guibers l'aura à femme et à compaigne
Si iert crestïennée.

---

[1]) cf. No. 89.
[2]) cf. No. 100.

Aymeris tu as fenestres assis
Et Ermengars, la contesse gentis.
Deuers senestre a retorné son vis
Et uoit uenir maint cheualier de pris.
„C'est d'Anseïne Garins li plus hardis,
De Terascone Guibers li plus fieris,
Gantiers de Termes, Sohier del Plan-
                              teïz,
De Floriuile Hues, li frans marchis,
Et Fouqucrès qui conquist l'augalis
Contre Tiebaut, le fort roi des Perssis.
Gentil contesse, par le cors Saint-
                              Denis,

Je uueil issir encontre mes amis.“
„Bien dites, sire“, fet la dame gentis.
Atant monta sus .i. destrier de pris,
Contre ses genz va li quens Aymeris,
Les barons a baisiez et conioïs,
Si en mena les barons seignouris
El palais de Nerbone.

Or ot li peres touz ses enfans
                              mandez . . .
Enz en Nerbone les a tous aioustez...
Enz el palès assembla li barnez
Quens Aymeris et ses granz parentés.

2.

Trouua Guibers le chetif Aymer
Qui repairoit d'une terre preer;
Desconfit ot .i. roi felon Escler,
. iij . M . paiens i ot fet deuïer.
Guibert le uoit si le court acoler,
Grant ioie font li frere à l'encontrer,
Deuers Nerbone prisent à cheminer.

A Ermengart le uet .i. mès conter,
Que ses filz uient, li chetis Aymer,
S'elle en fu liée, ne l'estuet demander.
Encontre uet la contesse au uis cler,
Brache leuée va son fil acoler
El palès de Nerbone.

Man wird leicht sehen, dass diese beiden Stellen in G. d'A. nicht nur dem betreffenden Stück in Al. b (v. 4125—4260 mit Ausnahme weniger Verse) sprachlich und zum Teil auch inhaltlich ähnlich sind, sondern geradezu oft wörtliche Übereinstimmung aufweisen.

133] Al. b v. 2601—3 haben wir denselben Gedanken, den G. d'A. A 241d 45 ff.; B 159b 4 ff.; C 154c 22 ff.; D 178d 1 ff. enthalten. Wir lesen daselbst:

„Biax filz Guibert, dist Aymeris li ber, Si parfont est dedenz Espaigne en-
Vous irez querre le chetif Aymer.“   trez.“ . .
„Diex, dist Guibers, ou le porrai Trouua Guibers le chetif Aymer...
                              trouuer? . .

Die folgenden Verse s. oben unter 2.

134] Am Schlusse von Al. (b v. 8361 ff.) und G. d'A. (A 247d 51 ff.; B 169a 33 ff.; C 165d 27 ff.; D 191c 21 ff.) wird von der Rückkehr der Söhne Aymeris in ihre Länder berichtet; man vergleiche besonders Al. b v. 8374—90 mit G. d'A. A 247e 1—13; B 169a 36—169b 1; C 165d 30—39; D 191c 24—36. Es lautet diese Stelle in A:

A Anseïne est Garins reuertis,
Et à Brubant uet Bernars li floris,
Et à Gironde uet Ernaus li hardis,
Et à Orenge Guillaumes li marchis,
Et en Gascoigne Bueues de Com-
                              marchis,
Et en Espaigne Aymers li chetis.

DedenzNerbone remest quens Aymeris
Et Ermengars, la contesse gentis,
Et ses filliex de cui il fu seruis.
Auec eus ont molt poi de lor amis.
La dame pleure et par nuit et par dis.
Por leur enfanz qui si les ont guerpis
Estoit li quens souuentes fois penssis..[1])

---

1) cf. No. 152 f. den Schluss des S. de B.

4*

135] Al. b v. 7910 ff. und G. d'A. A 247c 9 ff.; B 168c 22 ff.; C 165b 30 ff.; D 190d 37 ff. gleichen einander sehr. In G. d'A. heisst es:

Enmi la uile ont .i. fons apresté Yaue i metent dedenz à grant plenté,
En une cuue de vert marbre listé, Si la benïent li pronoire ordené.

136] Al. b v. 5 ff.; 319 ff.; 5347 ff. etc. finden wir immer die gleichen Personen zusammen genannt.

Dasselbe ist auch in G. d'A. der Fall:

1) A 244b 8—9; B 162*d 25—26; C 159a 13—14; D 184a 21—22:

Gui et Bertran on pris et retenu,
Gautier de Termes et Girart le membru . . .

2) A 241c 16—18; B 158d 10—12; C 154a 29—31; D 178a 29—31:

. . A Guielin et au conte Bertrant,
Gautier de Termes et Guichart le vaillant,
A Floriuile Hue le conquerant.

3) A 247d 17—19; B 168d 39—41; C 165c 42—43; D 191b 24—26:

. . . . Guielin et Bertrant,
Gautier de Termes et Guichart (C: Girarz) le sachant,
De Floriuile Huon le conquerant (D: de Monmirant). (Fehlt in C.)

4) A 240c 24—28; B 157a 10—14; C 152b 24—28; D 176a 24—28:

. . „Car à Orange est et Girars et Guis, A Terascone est Guibers li gentilz
Gautiers de Termes, Sohier du Placeïs, Et Guielins, li bons vassaux de pris."
A Floriuile est Hues li gentilz,

5) A 244a 10; B 162*c 18; C 158d 2; D 183d 3:
Girars de Blaiues et Guis . . .
und A 244a 13; B 162*c 21; C 158d 5; D 183d 7:

Gautier de Termes et Guis de Montaimier
(C D: Girarz de Blaiues et Gui de Montarmier.)

6) A 245c 11—12; B 165a 7—8; C 161b 15—16; D 186c 27—28:

Gautier de Termes et Guichart (C: Girarz) le uaillant,
De Floriuile Hue le combatant (D: de Monmirant). —

137] Dem Verfasser von Al. in der Redaktion, wie wir sie vor uns haben, scheint der Stoff von G. d'A. nicht unbekannt gewesen zu sein; darauf deuten verschiedene Stellen, wie:

1) v. 4214:
. . . . Guibert ki rois ert d'Andernas.

2) 4634—35 heisst es:
De la table ist Aïmers et Bernars,   Ernaus li rous, et Guibers d'Andernas.
(Al. a v. 4894: „Guichars d'Andernas"; cf. Al. b v. 2600: „Guibers", dem auch in Al. a v. 2848: „Guichars" entspricht.)

3) v. 4938—40:

La sesme esciele Guillames baillié a Ciex estoit rois et coroune porta.
Guibert sen frere c'Aimeris engendra;

4) v. 5133 ist „Andeurnas" (Al. a v. 5403: „Endernas")
Guiberts Schlachtruf.

5) Al. a v. 5486 wird Guibers „li rois" genannt.

6) v. 7924 wird Guibers (Al. a v. 7607: Guibers d'Andernas) als Pate Renoarts mitaufgezählt.

7) v. 8376 heisst es endlich:
A Andernas est Guibers revertis, . . .

138] Diese Stellen bestimmen mich dazu, es unentschieden zu lassen, ob Al. auf G. d'A. eingewirkt hat oder der umgekehrte Fall vorliegt. Man möchte das letztere glauben, doch dem steht entgegen, dass Al. viel älter ist als G. d'A. (cf. Gaut. IV, p. 7 u. Jonckbloet II, 53 ff., 198 ff.), es sich also um spätere Zusätze handeln müsste.

e. Siège de Barbastre.[1])

139] Beide Chansons beginnen damit, dass Aymeri — im S. de B. zur Zeit des Pfingst-, in G. d'A. zur Zeit des Osterfestes — in Nerbone weilt, wo er dem *„adoubement"*, dort Girarts und Guielins, hier Aymerïets beiwohnt. Die Ritter ziehen hinaus vor die Stadt, wo die *„quintaine"* stattfindet.

140] Es folgen nun die Kämpfe mit den Heiden. Während im S. de B. die Sarazenen zur Belagerung Nerbones heranziehen, ist es in G. d'A. Aymeri, der mit seinen Söhnen gegen sie ausrückt, um für Guibert ein Land zu erobern. Im S. de B. kommt Guillaume in eine bedrängte Lage; im Kampfe wird ihm sein Pferd getötet; tapfer verteidigt er sich gegen die Feinde, die ihn umzingelt haben. Girart eilt ihm endlich zu Hülfe und bringt ihm ein anderes Ross, das er ihn besteigen lässt. Mutig schlagen sie mit vereinten Kräften um sich. Guielin kämpft gegen Corsolt de Tabarie. Doch die Heiden sind in der Übermacht. Buevon und seine beiden Söhne Girart und Guielin nebst mehr als 100 Rittern werden zu Gefangenen gemacht.

In einer gleichen Situation befindet sich in G. d'A. der alte Aymeri. Während Guillaume im Zweikampfe mit Corsuble ist, kommen Aymeri, Aymer und Ernaut in arge Bedrängnis im Handgemenge mit Bauduc und seinen Mannen. Auf beiden Seiten, besonders der der Franzosen, entstehen grosse Verluste. Da eilen Guillaume und Bertrant zu Hülfe.

---

[1]) cf. Victor Keller: Le Siège de Barbastre und die Bearbeitung von Adeuet le Roi. Diss. Marburg 1875.

Hier entrinnt Aymeri noch der Gefangenschaft, doch unter
den Mauern von Andrenas muss er, aller Verteidigungsmittel
bar, sich ergeben.

141] Im S. de B. äussert der Emir grosse Freude, als er
die Namen der Gefangenen und von ihrer Herkunft aus dem
ihm verhassten Geschlechte Aymeris vernimmt. Sofort will
er sie hängen lassen, doch der Amustant von Cordova rät ihm
davon ab; er schlägt vielmehr vor, sie unter Corsolts Be-
wachung nach Barbastre zu senden. Dies geschieht.
Ebenso ist Judas von Andrenas ausser sich vor Freude,
als er den gefangenen Aymeri vor sich sieht, den Bauduc
unter Corsolts Schutze nach der Stadt hat führen lassen. Judas
will ihn sogleich auf die schrecklichste Art zum Tode be-
fördern lassen. Doch auf Bauducs Fürsprache hin wird der
alte Graf einstweilen im Turme in Gewahrsam gehalten.

142] Im S. de B. gelangen Buevon und dessen Söhne durch
Clarions Verrat aus dem Gefängnisse, erhalten von ihm Waffen
und bemächtigen sich dann später der Stadt Barbastre.
In G. d'A. steht Augalete Aymeri bei und verschafft ihm
Waffen; bei Erstürmung von Andrenas eilt Aymeri dann hinaus
aus dem Turme und ergreift mit Besitz von der Stadt.[1]
Während aber dort Buevon und die Seinen gezwungen
werden, sich auf den Hauptturm zurückzuziehen, wo sie sich
verbarrikadieren und dann belagert werden, ist es in G. d'A.
der König Judas, der in einem Turme von den Franzosen
bedrängt wird.

143] Die Flucht Corsolts nach der Einnahme von Barbastre
zum Amustant von Cordova, dem er alles Unglück verkündet,
erinnert an die Stelle in G. d'A., wo Barbaquant zu Judas
von Andrenas eilt, um ihm die Nachricht zu überbringen, dass
Balesguer gefallen und Bauduc gestürzt sei. In beiden Gedichten schwört man dem Geschlechte Aymeris Rache.

144] Wie schon No. 115 (Pr. d'O.) erwähnt, ist auch in dem S.
de B. die Grundidee: die Einnahme einer heidnischen Stadt und
ein Liebesverhältnis zwischen einem französischen Barone und
einer sarazenischen Prinzessin. Im S. de B. ist es Malatrie,
die von Liebe zu Girart ergriffen ist, ohne ihn je zuvor gesehen zu haben, in G. d'A. liebt Augalete Guibert, von dessen
Ruhmesthaten sie sehr viel gehört, den sie aber noch nie
selbst gesehen hat. In beiden Gedichten verraten sie ihren

---

[1]) cf. No. 117 (Pr. d'O.).

Vater; dort riskiert Malatrie das Leben ihres Geliebten und das Wohl und Wehe des Sarazenenheeres, in G. d'A. Augalete das Aymeris, des Vaters Guiberts, und das Heil ihres Volkes, beide in der Hoffnung, durch ein Christenheer entsetzt zu werden.

145] Auch der Ausgang des S. de B. gleicht dem des G. d'A. sehr. In jener Chanson lässt der Emir einen Scheiterhaufen vor den Mauern der Stadt anzünden und den gefangenen Guielin „tout empur sa chemise" zum Holzstosse führen, um dadurch die Übergabe von Barbastre als Lösegeld für Guielin zu erzwingen. Dieser ruft die Seinen um Hülfe an und wird durch Girart befreit. — Man schickt Boten zu Looys und Aymeri, da die Lage der Franzosen immer misslicher wird. Es kommt ihnen Unterstützung. Barbastre wird entsetzt und ein grosser Teil Spaniens erobert. Malatrie wird getauft und Gemahlin Girarts. Die Franzosen teilen sich in die gewonnenen Provinzen. Aymeri kehrt nach Nerbone zurück, seine Söhne eilen ihrer Heimat zu und Looys mit seinen Baronen nach Paris.

In G. d'A. lässt Aymeri vor Balesguer einen Scheiterhaufen errichten; der gefangene König Bauduc wird zum Feuer geführt. Mit lauter Stimme ruft er seine Gattin und Söhne um Befreiung an. Diese übergeben dann auch in der That die Stadt, um Bauducs Freilassung zu bewirken.

Im letzten dieser Punkte weichen die Gedichte von einander ab, doch in beiden Fällen hat sich das Schicksal zu Gunsten der Franzosen gewandt.

Der Schluss ist derselbe: die heidnische Stadt wird erstürmt. Augalete erhält mit der Taufe die Hand Guiberts, der als Herr von Andrenas zurückbleibt; die andern Barone suchen ihre Länder wieder auf.

146] Nachdem wir jetzt den Gedankenzusammenhang des S. de B. und G. d'A. im grossen und ganzen kennen gelernt und die Hauptzüge mit einander verglichen haben, wollen wir nun auf eine Vergleichung einzelner Situationen und kleiner Charakterzüge eingehen.

147] Der Inhalt von v. 2415—2509 des S. de B. ist folgender: Buevon tadelt seinen Sohn Girart, dass er durch ein unbesonnenes Unternehmen sich und die schwache Besatzung von Barbastre einer grossen Gefahr ausgesetzt habe. Girart erzählt den Sachverhalt und berichtet von seinem Zweikampfe mit Libanor, den er besiegt habe, sowie von der Rückeroberung Malatries durch die Heiden. Da Buevon sieht, dass die

Prinzessin in den Händen der Sarazenen zurückgeblieben ist, redet er seinen Sohn spöttisch an: [1])S. de B. A 2448:

> „Rendez moi la pucele ne le m'escondissiez!"

Girart erwidert ihm, dass die Übermacht der Feinde sie ihm entrissen habe. Da bricht Buevons Unwille los:

> „He! glous, ce dist li dus, tos fustes esmaiez,
> De paour li lessastes de fine mauuestiez,
> Encor n'est tes haubers rompus ne desmailliez,
> Ne voi pas vos costez d'anbe .ij. pars perciez.
> Se fusse en lieu de vous armez et haubregiez,
> Ainz fust iusqu'à la terre li sanz vermax glaciez
> Et mes cors entamez et en .C. lieus perciez."

(A 2453—59.)

Girart entgegnet darauf:

> „Sire, ce dist Girars, à tort me laidengiez,
> Ains que ie la guerpisse, fu ie molt bien paiez,
> Quant atant eschapai, encor sui iou tous liez;
> Se vous estes prodom, bien voeil que le soiez,
> On set molt grant pieça, que molt estes proisiez.
> Mes par celui seignour, de qui sommes jugiez,
> Il n'a or homme en France, tant soit sain ne hetiez,
> Ne s'en fust tost sanz li volentiers reperiez
> Por pooir qu' eüssiez ià ne le tenissiez."

(A 2460—68.)

Mit heftigen Worten antwortet Buevon seinem Sohne und rühmt sich seiner Thaten. Es lauten v. 2469 ff.:

> „He, glous, ce dist li dus, com tu es emplaidiez!
> Jà fui ie à Commarchis de paiens assegiez,
> .X. rois paiens i ot dont ie fui assegiez,
> Je combati tous seul à .iiij. renoiez,
> Le[s] .ij. en getai morz, les .ij. menai liez,
> Des .ij. que ie pris oi fui ie molt bien paiez,
> Que i'en oi de fin or .ij. sommiers tous chargiez.
> Tan en donai mes hommes, que chascun fu tous liez,
> Et si en fui plus d'aus seruis et essauciez,
> Jes conquis par mes armes."

Girart betont, dass er allein den Feinden gegenüber gestanden habe, während Buevon doch immer Helfer an seiner Seite gehabt hätte. Sein Vater ist schliesslich so erbittert, dass er zum Stocke greift und Girart schlagen will. Doch die Barone entziehen ihm den „baston de mellier". Sie haben Guielin geholt, der seinem Bruder heftige Vorwürfe ob seines Betragens gegen den Vater macht und endlich den Streit beilegt.

Man vergleiche hierzu A 240e 35 ff.; B 157c 37 ff.; C 153a 13 ff.; D 176d 25 ff. und

---

[1]) Die Citate aus dem S. de B. sind wie die aus G. d'A. nach Hs. A. (Gundlach: D).

A 245d 1 ff.; B 165b 5 ff.; C 161c 18 ff.; D 186d 34 ff. in G. d'A.

An der ersten der beiden Stellen finden wir den alten Aymeri im Streite mit seinem jüngsten Sohne Guibert. Aymeri verkündet ihm seine Absicht, Nerbone seinem „*filluel*" Aymeriet zu geben, und fordert ihn auf, für sich selbst ein Land zu erobern. Guibert, darüber sehr aufgebracht, lässt sich zu argen Schimpfworten gegen seinen Vater hinreissen. Als er schliesslich ihn auch noch höhnt (cf. No. 80), erwidert Aymeri:

„Tais, glons lechierres, ... De mon seior que auez à parler,
Filz à putain, maluais couart prouné! Se ie m'aaise et fas mes richetez?
Je le conquis dedenz mon ione aé. Se uolez fere aussi, si conquerrez!"

(A 240f 36 ff.; B 158a 3 ff.; C 153b 24 ff.; D 177b 2 ff.); er verheisst ihm aber eine Heeresmacht zu sammeln und selbst mit an dem Eroberungszuge teilzunehmen. Guibert, durch dies Versprechen beschwichtigt, verzichtet dann auf Nerbone zu Gunsten Aymeriets.

Die zweite Stelle berichtet uns von einem Wortgefechte zwischen Aymeri und Guillaume:

Die Franzosen kehren mit reicher Beute aber ohne Kriegs-gefangene zu ihren Zelten zurück, unter ihnen Guillaume. Aymeri fragt ihn spöttisch:

„Ou sont li turc que vous nous amenez? Se uos auez prison, si le rendez!"
(A 245d 9—10; B 165b 13—14; C 161c 26—27; D 187a 4—5.)

Der Graf, durch diese Frage gekränkt, antwortet ebenso höhnisch:

„S'en l'angarde fussiez o moi montez, Ainz que fuissiez as loges retornez."
De vostre cors fuissiés tous encombrez,
(A 245d 18—20; B 165b 22—24; C 161c 35—37; D 187a 13—15.)

Diese Antwort reisst den alten Aymeri zu den heftigen Worten hin:

. . . „Dant glous, vous i mentez, Les .x. occis, ce est la ueritez,
N'a encor pas .xxv. anz passez, Et .x. en furent et plaié et nauré."
Quant .xx. paiens fui ie seul aioustez.

Guillaume entgegnet:

. . . „Uous dites uerité, Vous escrioit: Sire Aymeris, tornez!
Mes ce estoit deuant vostre cité; Qui uoit s'amie plus en est desreés.
A vos archiers vous faisïés garder, Mes ci, n'oi ie home de mere né
Qui traioient les quarriaux empenez. Qui m' i aidast, fors dieu de maiesté."[1]
Dame Ermengars,qui tant a de biautez,
(A 245d 21 ff.; B 165b 25 ff.; C 161c 38 ff.; D 187a 16 ff.)

---

[1] Vielleicht eine Anspielung an eine Stelle des S. de B. (?), v. 346 ff.; doch können diese Verse auch einen andern Bezug haben (z. B. auf den S. de N. — cf. Gaut. t. IV, 326 II: Les Infidèles cependant etc. etc. — oder auf sonst eine noch unedierte Chanson unseres Cyklus).

Aymeri verheisst, bereits am nächsten Morgen seinen
Mut an den Tag zu legen; damit ist der Streit beigelegt.
Wir sehen, dass diese beiden Stellen nicht nur inhaltlich
mit der im S. de B. grosse Ähnlichkeit haben, sondern dass .
auch sprachliche Übereinstimmungen vorhanden sind.

148] Im S. de B. bricht Girart mit einigen Baronen unter
Führung des Heiden Malaquin bei Nacht von Barbastre nach
dem feindlichen Lager auf; sie reiten durch die Furt. Während
Girart zu Malatrie eilt, verbergen sich die übrigen in einem
Gehölze. (v. 2716 ff.)

In gleicher Weise verlässt Aymeri, nachdem sich jeder
zur Ruhe begeben hat, das Lager, passiert den Fluss an der
Furt, stürmt eine Anhöhe hinauf bis nahe an das feindliche
Heer und macht hier Halt.
(A 245d 43 ff.; B 165c 3 ff.; C 161d 14 ff.; D 187a 38 ff.)

Die Verse S. de B. 2708, 2711, 2719, 2722—24:

Il a dit à ses hommes: „Adoubez vous baron . . .!“
Maintenant sont armé trestuit li compaignon, . . .
Et Girars point et broche le cheual arragon . . .
Et sont uenuz au gué sanz nule aïreson,
Et dedenz le brueillet s'embuschent li baron,
Et Girars uet auant et li autre à bandon . . .

gleichen inhaltlich A 244d 12 ff.; B 163c 5 ff.; C 159c 38 ff.;
D 184d 20 ff. in G. d'A., wo von Guillaume erzählt wird:

Des qu' Aymeris l'ot dit et commandé, Sont li baron tout coiement entré,
.III. M. furent qui se sont adoubé, Sagremors treuuent, ou se sont es-
Maintenant sont outre l'yaue passé,   consssé.
En .i. vergier par dehors la cité

149] Im S. de B. verflucht der Amustant seine Tochter
Malatrie, in G. d'A. Judas Augalete wegen ihres unbesonnenen
Handelns.

150] Im S. de B. verspricht der Emir Buevon und den Seinen
freien Abzug für Herausgabe Malatries und Lybanors; dasselbe verheisst Aymeri Bauduc und seinen Angehörigen für
die Übergabe Balesguers.

151] In beiden Gedichten wird der Turm der Stadt — im
S. de B. von Clarion, in G. d'A. von Augalete — als besonders
fest und uneinnehmbar gepriesen, in dem sich dort Buevon
mit seinen Söhnen, hier Aymeri verbarrikadieren soll, um sich
zu retten.

152] Endlich wie der Eingang beider Chansons eine gewisse
Ähnlichkeit nicht verkennen lässt — man vergleiche S. de B.
v. 6 ff.:

Ce fu à penthecoste, une feste honorée,
Li quens fu à Nerbone, sa grant cité fondée,
Ses filz ot departiz, chascun ot sa contrée.
N'ot que Guillaume o lui à la chiere membrée,
Bueue de Comarchis, Ermengart la senée . . .

und G. d'A. A 240c 1 ff.; B 156d 1 ff.; C 152b 1 ff.; D 176a 1 ff.:

Ce fu à pasques, la feste seignouri.   Si en anons .v. filles et .vij. filz,
Dedenz Nerbone fu li quens Aymeri, ..   Neueus et nieces dusqu'à .lxvi.,
Deiouste lui Ermengars la gentis...   Par maintes terres ai mes hoirs de-
„Dame Ermengart" dist li quens   partiz, ...
           Aymeris . . . .   N'a que Guibert remez en cest païs . . .

— so kommt auch der Schluss des S. de B. dem von G. d'A. nicht nur inhaltlich (cf. No. 145), sondern auch sprachlich sehr nahe:

S. de B. v. 7664 ff. lesen wir:

Le roi ont conuoié, puis si ont congié pris,
Li rois et si baron reuienent à Paris.
Or departent les olz, li sieges est fenis.
A Brubant s'en reua dan Bernart li floris,
Et Garins d'Anseüne li preus et li hardis
Et Ernaus de Gironde reuait en son païs,
Et Guillaume à Orenge, Bueues à Commarchis,
A Nerbone remest li frans quens Aymeris.
Ensi ot ses enfans seurez et departis,
Fors qu'il retint Guibert, le mains né de ses filz,
Qui encore n'auoit ne terre ne païs.
Auec lui le retint se peres Aymeris
Et Ermengars, sa mere.
Aueuques Aymeri, son pere le ferrant,
Et auec Ermengart, sa mere la uaillant,
Remest Guibers, lor filz, qui molt ot hardement
Et Aymeris aueuc que il aime forment:
Ce fu Aymerïès dont il font chierté grant;
Auec le conte furent cil dui molt longuement . . .
Car afoibloiés ert Aymeris durement,
Ne puet mais d'armes fere nul grant efforchement,
Ne n'issoit de Nerbone du mestre mandement,
Là se faisoit seruir li frans quens richement,
Car de guerres mener se doloit durement,
Et si se doutoit molt li quens de mort souent.

G. d'A. A 247d 50 ff.; B 169a 32 ff.; C 165d 26 ff.; D 191c 20 ff. lauten:

Si s'eu alerent, chascuns en son païs,   Dedenz Nerbone remest quensAymeris
Congié demandent li conte et li   Et Ermengars, la contesse gentis,
               marchis,   Et ses filliex de cui il fu seruis;
Molt à enuis leur otroie Aymeris.   Auec eus ont molt poi de lor amis . . . .
Chascuns s'en part que n'i a terme quis.   Si fu li quens et viex et afoiblis,
A Anseüne est Garins reuertis,   Que ne se pot aidier li quens de pris,
Et à Brubant net Bernars li floris,   Car plus auoit de .vij.xx. anz et .x. —
Et à Gironde uet Ernaus li hardis,   Bien le serui ses filliex Aymeris,
Et à Orenge Guillaumes li marchis,   Tant que .i. maus estoit au conte pris,
Et enGascoigneBueues deCommarchis,   Si com dieu plot, le roy de paradis,
Et en Espaigne Aymers li chetis.   Ne pot leuer ne par nuit ne par dis.[1]

---

[1] cf. No. 134.

153] Die letzten Verse des S. de B. (v. 7692 ff.) bilden ausser in Hs. P (cf. Gundlach, A. u. A. IV, p. 143, 5), den Übergang zum G. d'A. und lauten:

> A une *sainte* pasque, que sont lié mainte gent,
> Se porpensaa li quens qui ot grant escïent,
> Qu'il, ancois que mourust, ne presist finement,
> Que son filluel donra quite son casement,
> Trestout le Nerbonois et ce qui i appent,
> Et à Guibert, son filz, a dit tot maintenant,
> Que de la seue terre ne tenra il neent,
> Et Guibers s'en ala courrouciez et dolant
> Conquerre estrange terre. —

154] Aymeris Sohn Guibert spielt überhaupt in der ganzen Chanson S. de B. eine wichtige Rolle; er zeichnet sich durch glänzende Kriegsthaten aus und besiegt seine Gegner in verschiedenen Zweikämpfen. Obgleich v. 5911 Guiberts Schlachtruf „Monjoie" ist, könnte es doch scheinen, als ob dem Dichter des S. de B. die Erwerbung von Andrenas durch Guibert bekannt gewesen sei, denn v. 2113 nennt sich Girart „niéz Guibert d'Andernas". Alle Hss. ausser der schlechtesten (Roy. 20 B. XIX) haben diesen Vers.

155] Es wäre vielleicht sogar denkbar, dass G. d'A., welcher dem S. de B., wenigstens in der uns erhaltenen Redaktion, aus denselben Gründen, die M. Rohde („La Prise de Cordres etc. Einleitung I." in Roman. Forsch. VI, 1. 1888 p. 60) für die Pr. de Co. gegenüber dem S. de B., angiebt, zeitlich vorausgeht, von demselben Verfasser herrührte. V. Keller sagt zwar p. 6 seiner Untersuchung über „Le Siège de Barbastre etc." Marburg 1875:

Die Jongleurs haben die Belagerung von Barbastre schon im zwölften Jahrhundert besungen. In der chanson *Aliscans,* deren erhaltene Redaktion nach Guessard (Aliscans, préface LXXIX) nicht lange nach 1185 entstanden sein kann, ist „Barbastre" der Schlachtruf von Bovon de Commarcis:

> Quens Aimeri a „Nerbone" escriée, Et „*Andeurnas*"[1] a Guibert reclamée,
> Ses fiex Guillames „Orange la doutée", Beuves „Barbastre", ki siet sor mer
> Ernaus „Geronde" .I. ensegne loée, salée. (Aliscans v. 5129 etc.)"
> Bernas „Brubant"à molt grant alenée;

Diese Bemerkung Kellers können wir aber auf Grund des vorletzten dieser Verse auch auf G. d'A. beziehen; cf. was

---

[1]) Keller macht hierzu die Anm.: „Andernach bei Coblenz? Schlacht 876 zwischen Karl d. Kahlen und Ludwig dem Deutschen (Siehe Rhein. Antiquar. III. Abth. 4. Band. Andernach.)." — Andrenas kann nur eine spanische Stadt sein, da der Schauplatz des G. d'A. ausser in Südfrankreich (am Anfange und Schlusse unserer Chanson) nur in Spanien liegt.

G. Paris, Litt. p. 72, 42 sagt: „Le *Couronnement de Louis*, la *Chevalerie Vivien*, la *Prise d'Orange*, les *Enfances Guillaume*, etc., ont existé sous des formes différentes de celle qui est arrivée jusqu' à nous, et c'est à ces formes premières que se réfèrent d'autres poèmes. La plupart de nos manuscrits sont des manuscrits de compilation, où on a essayé de grouper un plus ou moins grand nombre de poèmes *narbonnais* en une sorte d'histoire suivie; on n'a pas réussi à en faire disparaître les contradictions et les incohérences, bien qu'on se soit permis non seulement des raccords, mais souvent des modifications importantes aux textes qu'on voulait réunir."

156] Dass aber die Pr. de Co. und G. d'A. nicht demselben Dichter zuzuschreiben sind, was Rohde für möglich hält, darüber siehe später (cf. No. 165). Wir lassen diese Frage der Verfasserschaft der drei Gedichte noch offen; dieselbe bedarf noch einer nähern sorgfältigen Untersuchung, die wir hier nicht beabsichtigen. Das steht aber fest, dass ein Einfluss von seiten des S. de B. auf den G. d'A. oder, was ich für wahrscheinlicher halte, — entgegen der Ansicht Nyrops, welcher sagt (Gorra, p. 145): Il poema (G. d'A.) si crede essere del secolo decimoterzo: *propriamente esso non è altro che una ripetizione, con nomi diversi, della „Prise d'Orange" e del „Siège de Barbastre"* etc., — ein solcher des G. d'A. auf den S. de B. stattgefunden hat.

157] An den S. de B. schliessen sich nun, wie zuerst A. Gundlach A. u. A. IV, p. 143, 5 angegeben hat, in der Hs. P = Paris. Bibl. Nat. 1448, anc. 7535, die inhaltlich bis v. 7666 (nach D) mit den übrigen geht, noch 435 selbständige Verse an. P. Paris fasste, wie M. Rohde p. 57 sagt, den S. de B. und die Pr. de Co. als ein zusammengehöriges Ganzes auf (cf. Hist. litt. XXII, 547—48). Auf das Unberechtigte einer solchen Zusammenwerfung hat bereits Gautier im 4. Bde. S. 4 seiner Épop. franç. aufmerksam gemacht. Gautier lässt aber den S. de B. in obiger Hs. fol. 110 beginnen und fol. 164 die Pr. de Co. folgen. Auch V. Keller (p. 5) und M. Rohde (p. 57 u. 60) geben für den S. de B. fol. 110—163 an. Keller giebt aber den Inhalt dieser Chanson nur bis fol. 160, womit auch die eigentliche Erzählung von der Belagerung von Barbastre ihren Abschluss findet, während Rohde die Analyse seines Gedichtes erst mit fol. 164a beginnt.

Weder P. Paris oder L. Gautier, noch V. Keller oder M. Rohde erwähnen also etwas von jener Fortsetzung des S. de B. in der Hs. P. Bl. 160—163. Diese 435 Verse nun berichten von der Rückeroberung von spanischen Städten, besonders von Cordres, durch die Heiden und bilden den Übergang zur eigentlichen Pr. de Co., die die abermalige Erwerbung dieser Stadt durch die Franzosen schildert. —

158] Der Inhalt des noch unbekannten Stückes ist folgender: Nachdem die Franzosen unter der Führung von Loois und Aymeri in ihre Heimat zurückgekehrt sind, kommt der *„amirant persis"*, der bei der Belagerung von Barbastre geflohen war, zum König Judas von Sebille nach Lutis und verkündet ihm das Unglück, das ihn betroffen habe:

> Sire, ge uien d'Espaigne, ou ge suis desconfis,
> Perdut ai tos mes homes et mes mellors amis,
> Et si ai perdut Cordes et Leride autresin
> Et Morinde la riche et Barbastre, ma cit."

Judas verspricht ihm, dafür Rache an Aymeris Geschlechte zu nehmen. Da erscheint ein Bote im Palaste und berichtet von den letzten Vorgängen in Spanien nach der Einnahme von Barbastre: von der Verteilung der Städte an die Verwandten Aymeris und von der Rückkehr der Franzosen in ihre Länder. Da Cordres und Barbastre nach dem Berichte des Boten nur schwach besetzt sind, fasst Judas den Plan, diese festen Plätze wieder den Händen der Feinde zu entreissen. Bald ist das Heer gesammelt, gerüstet und auf dem Marsche gegen Cordres begriffen. Bis auf eine halbe Tagereise an die Stadt herangekommen, lagert sich das Heer. Am andern Morgen rüstet sich der Emir mit 100 Sarazenen und reitet an ihrer Spitze gegen Cordres los. —

Girart von Cordres hat, nachdem er seine Städte dem Schutze der zurückbleibenden Barone anvertraut hat, seinen Palast mit seiner Gemahlin Malatrie und 100 Rittern verlassen, um die Seinen in Nerbone zu besuchen. Da unterwegs erblickt er in der Ferne Heiden und als ihren Führer den Emir. Er bringt Malatrie in Sicherheit, und bald entspinnt sich ein Kampf. Alle Sarazenen fallen ausser einem einzigen, der zu Judas eilt und ihm die Kunde vom Tode des Emir und seiner Schar überbringt. Der König bricht noch selbigen Tages mit seinem Heere auf, um Cordres anzugreifen. Die Stadt wird erstürmt. Während der Nacht haben sich Judas und Butor *„richement ostelés"*. Darauf ziehen sie gegen Barbastre, dessen Herrscher Clarion durch einen Boten vom Anmarsch der Feinde bereits benachrichtigt ist. Die Stadt wird belagert und durch die Wurfgeschosse der Heiden arg verwüstet. Sie stecken die Häuser in Brand und schnell verbreitet sich das Feuer durch die ganze Stadt. Endlich dringen sie durch die Thore in Barbastre ein. Die Franzosen verteidigen sich tapfer. Clarion hat bereits 7 Gegner er. schlagen und schickt sich zum Zweikampfe mit Butor an. . . .

159] Hier bricht die Kampfesschilderung ab. — Wir sehen, dass Judas in diesem Stück eine wichtige Rolle spielt; auch wird er ausdrücklich als Vater Algaies genannt, und es wird auf die Vermählung letzterer mit Guibert und somit auf G. d'A. selbst angespielt. Es heisst fo. 161r 12 ff.:

Judas en a sa fille auoques lui menée,
Algaie auoit à non, gente iert et acesmée,
Il n'ont si belle feme deça la mer betée,
Et puis la prist Guibers à moillier espousée.

Ausser in G. d'A. und Pr. de Co. ist mir nur an dieser Stelle noch der Name *Algaie* begegnet, und zwar ist sie auch hier wie in jenen Chansons Tochter des Judas.

160] Über die Autorschaft dieser 435 Verse lässt sich nur dasselbe sagen wie über die des S. de B. Vielleicht erhöht dies aber die Wahrscheinlichkeit, dass der S. de B. von G. d'A. abhängig ist.

f. Prise de Cordres.

161] M. Rohde sagt p. 60 seiner Untersuchung: „Eine andere Chanson kommt hier noch in Betracht, nämlich der nur in einer [1]) Hs. La Vallière nr. 23, Bl. 157—170 überlieferte und daselbst unmittelbar auf „Li Siéges de Barbastre" folgende „Guibert d'Andrenas". Es ist nicht unwahrscheinlich, dass dieses Denkmal gleichfalls unserem Dichter zuzuschreiben ist: auf jeden Fall hat derselbe es gekannt. Man vergleiche mit der Hist. litt. XXII 498 gegebenen Analyse die Verse 183—185; 406—424 und 2370—2381 unserer Chanson."

162] Vergleichen wir jetzt, da der in der Anm. p. 57 angekündigte Text noch nicht erschienen ist, die von Rohde gegebene Analyse der Pr. de Co. mit G. d'A., so können wir dem letzten Teile seiner obigen Ansicht durchaus zustimmen.

Denn es finden sich in der Pr. de Co. nicht nur verschiedene Anspielungen an unser Gedicht und eine grosse Zahl von Situationen und Charakterzügen, die demselben entnommen sind, sondern es knüpft dieselbe auch inhaltlich unmittelbar an die letzten Vorgänge in G. d'A. an. Der Eingang der Pr. de Co. schildert in ausführlicher Weise die Vermählungsfeier Agaies mit Guibelin (Guibert), derer am Schlusse unserer

---

[1]) Rohde hat diese Unrichtigkeit wohl aus der Hist. litt. XXII (1852) entnommen, wo P. Paris p. 501 ebenfalls nur eine einzige Hs. des G. d'A. erwähnt.

Chanson nur in wenigen Versen gedacht ist (cf. Rohde p. 61).
Judas gilt noch als lebend und im Besitze von Cordres.

163] Anspielungen in der Pr. de Co. an G. d'A. sind nach
der Analyse Rohde's folgende zu nennen:

a) In dem Abschn. 112—192 wird „Baldus, ein bekehrter
Heide" erwähnt. Es bezieht sich das auf G. d'A. A 247 c 14;
B 168 c 27; C 165 b 33; D 191 a 3 (No. 101):

Premiers i ont Baudu crestienné.

b) Im Abschn. 192—457 (p. 63) heisst es: Aymer entgegnet,
Aimeri wäre vor Andernai ebenso verfahren; ohne Gefährten
hätte er das Lager verlassen und wäre verloren gewesen,
wenn Gott und Baldus ihn nicht gerettet hätten. — Es ist
dies in kurzen Worten die Erzählung von A 245 d 43—246 c
43; B 165 c 3—167 a 4; C 161 d 14—163 c 41; D 187 a 38—
189 a 9 (No. 97 u. 98).

c) Abschn. 458—581 Schluss und 582—699 Anfang (p. 64)
wird erzählt: Butor will Guibert zum Zweikampfe fordern
dafür, dass er seinem Könige Judas widerrechtlich sein Land
entrissen habe. . . . Der Aumacor sucht Guibert zu bereden,
Judas Tochter und Land zurückzugeben, andernfalls er das
Leben verlieren würde. —

Es ist dies eine direkte Anspielung an die Einnahme von
Andrenas und Erwerbung Augaletes, des Judas Tochter, durch
Guibert.

d) Absch. 2297—2482 (p. 67) lesen wir: Mit herben Vor-
würfen darüber, dass er (Baldus) sich habe taufen lassen,
wird er von diesem (Judas) empfangen. Baldus entgegnet:
Judas habe ihn vor Andernai schmählich im Stich gelassen;
alle seine Erben habe er dort töten sehen müssen, und nur
mit Mühe sei er selbst mit seinem Weibe entkommen. Gegen
die Franzosen könne er nicht ausdauern im Kampfe, darum
habe er sich taufen lassen. — Man vgl. hierzu G. d'A. A 247 a
15 ff.; B 168 a 10 ff.; C 164 d 15 ff.; D 190 b 5 ff. und A 247 c
14; B 168 c 27; C 165 b 33; D 191 a 3 (s. No. 100 und 163 a.).

e) Endlich finden wir Abschn. 2615—2771 (p. 68) die
Stadt Andernai noch einmal neben Salerie erwähnt. —

164] Von den aus G. d'A. entnommenen oder in beiden Epen ähnlichen Situationen führe ich nur folgende charakteristische an:

a) Rohde, p. 63 Abschn. 192—457 wird erzählt: Butor
sprengt gegen ihn (Aymer), als aber sein erster Angriff erfolg-
los bleibt, wendet er sich zur Flucht. Aymer setzt ihm nach,
stösst ihn zu Boden und übergiebt ihn seinen Leuten. Dann
macht er sich zur Verfolgung des entlaufenen herrlichen Rosses

Butors auf, um dessen Besitz es ihm bei dem ganzen Kampfe nicht zum wenigsten zu thun war. Vor den Augen der Franzosen stürzt er sich in das reissende Wasser, wird von der Strömung fortgerissen, endlich aber doch durch sein Pferd ans jenseitige Ufer gerettet. Hier dringen Perser und Türken auf ihn ein, fliehen aber bald entsetzt vor seiner ungewöhnlichen Tapferkeit. Inzwischen hat sich auch Butors Ross vor dem Kriegslärm der Heidentruppen zurückgeflüchtet und wird nun von Aymer aufgefangen. Dann kehrt dieser zu den Seinen zurück.

Heftige Auseinandersetzung zwischen Aymer und Aymeri. Letzterer tadelt seinen Sohn, weil er sich so tollkühn in die Wogen gestürzt und seinen Zurufen kein Gehör geschenkt habe.

In derselben Situation befinden sich Bauduc und Aymer G. d'A. A 242 e 26 ff.; B 161 b 6 ff.; C 156 c 18 ff.; D 181 a 16 ff. (No. 89).

b) p. 64 Abschn. 700—1233: Nubie, des Aumacors liebliche Tochter, hat Bertram gesehen und ist sofort von verzehrend heisser Liebe zu ihm ergriffen. Mit Baufumes' Hülfe, die sie schnell gewinnt, beschliesst sie die Gefangenen zu befreien. Sie steigt in den Kerker hinunter und nimmt Bertram das Versprechen ab, nach vollbrachter Befreiung sie zu seinem Weibe zu nehmen. Dann schickt sie ihnen Speise und Trank, sowie auch Waffen. —

Diesen Gedanken hat die Pr. de Co. nicht nur mit G. d'A. — wenn auch hier der Sohn des gefangenen Aymeri das Lösegeld für die Rettung ist; cf. A 246 d 9 ff.; B 167 a 23 ff.; C 163 d 19 ff.; D 189 a 29 ff. (cf. No. 99) — sondern auch mit andern Chansons gemein (cf. No. 115 ff., 142 u. 144).

c) p. 67 Abschn. 2497—2482 finden wir wie in G. d'A. (cf. No. 90) die Kriegslist, durch die Drohung, einen Gefangenen hinrichten zu lassen, ein Zugeständnis von den Feinden zu erzwingen.

d) p. 68 Abschn. 2483—2614: Judas ergeht sich in erbitterten Drohungen gegen seine Tochter ... Dann sucht er Agaie zu bestimmen, zu ihrem alten Glauben zurückzukehren und als Butors Gattin Königin von Afrika zu werden. Agaie weist ihres Vaters Ansinnen mit höhnenden Worten ab. Judas braust auf, aber Baldus beruhigt ihn ....

Dies erinnert an G. d'A. A 246 d 46 ff.; B 167 b 15 ff.; C 164 a 14 ff.; D. 189 b 24 ff. (cf. No. 99.) —

165] Was dagegen die Ansicht Rohdes anlangt, dass G. d'A. und Pr. de Co. von demselben Verfasser herstammen könnten, so kann ich derselben aus folgenden Gründen nicht beipflichten:

Es ist auffällig, dass die Vermäblungsfeier und sonstige
Ereignisse auf seiten der Franzosen sich in Salerie und nicht
in Andrenas abspielen, während in G. d'A. des Namens jener
Stadt des Judas nicht ein einziges Mal Erwälmung gethan
wird. Es würde dieser Umstand sowohl, wie der, dass Judas
in der Pr. de Co. noch als lebend gilt, dagegen sprechen, dass
diese Chanson und G. d'A. demselben Autor zuzuschreiben sind,
der wohl schwerlich, an unser Gedicht anknüpfend, Judas
wieder von den Toten auferstehen lassen würde. Doch steht
es ausser allem Zweifel, dass dem Dichter der Pr. de Co.
unser Epos dem Inhalte nach sehr wohl bekannt war.

g. Mort Aymeri de Narbonne.

166] Über die Beziehungen von G. d'A. zu obigem Epos s.
Introd. der Ausgabe p. VII ff.

Du Parc ist der Ansicht, dass der Autor der Mt. A.
schwerlich die Chanson G. d'A. gekannt habe, da sich nur eine
einzige Anspielung an G. d'A. in Mt. A. fände und diese Verse
sehr wohl interpoliert sein könnten. Doch, fährt Du Parc
(p. VIII) fort: „Il est fait des allusions beaucoup plus fréquentes
à d'autres traditions sur le personnage de Guibert d'Andrenas."
Er führt solche an eine Expedition Guiberts gegen Judas „au
port d'Ossau" an und bemerkt hierzu: „Cette expédition de
Guibert contre Judas aux ports d'Ossau, à laquelle la *Mort
Aymeri* fait des allusions si précises, nous est maintenant in-
connue et n'a point laissé d'autres traces, à notre connaissance,
dans ce qui nous reste de notre ancienne poésie épique; elle
devait, croyons-nous, être racontée dans une chanson de geste
perdue et qui était familière à notre trouvère."

In G. d'A. wird der Name „Ossau" nie genannt, noch auf
einen solchen Kriegszug Guiberts angespielt, und kann uns
dieser Umstand nur noch mehr dazu bewegen, der Ansicht
Du Parcs beizustimmen. —

h. Foulque de Candie.

167] Inhaltlich berühren sich G. d'A. und F. de C. nur in dem
beiden gemeinsamen allgemeinen Grundgedanken (cf. No. 115).

Guibert gilt bereits als tot, denn p. 29 der Ausgabe sagt
Bovon de Commarcis:

„VII. freres fumes: n'en y a que troi vis,
Je, et Guillaume, et Bernart le marchis."

Es muss also F. de C. doch wohl jünger sein als G. d'A.
Dafür spricht vielleicht auch, dass p. 83 eine Einnahme und

Zerstörung von Balesguer erwähnt wird, die bei Beginn des Krieges *("XL ans a bien")* stattfand. Auffällig ist, dass wir in F. de C. fast alle Namen wiederfinden, die G. d'A. aufweist. P. Paris sagt Hist. litt. XXII, 544 über den Verfasser: „Herbert le Duc est un versificateur exercé ... Cependant il ne sait pas composer, il ne sait pas finir. Les aventures qu'il met en vers sont des lieux communs de combats, de prison et d'amour." Verschiedene beiden Gedichten gemeinsame formelhafte Verse finden sich auch in andern Chansons.

Wenn wir aber irgend einen geringen Einfluss eines der beiden Epen auf das andere annehmen wollen, so muss G. d'A. einen solchen auf F. de C. ausgeübt haben.

I. Enfances Vivien.

168] Weder inhaltlich noch sprachlich zeigen die E. V. irgend eine Verwandtschaft mit G. d'A. Doch kann der Dichter der E. V. den Stoff von der Eroberung von Andrenas gekannt haben; denn Gaut. berichtet am Schlusse der Analyse der E. V. (Épop. IV, 435): „C'est alors que l'armée française acheva ses préparatifs de départ. Guibert retourna à *Andrenas,* Beuve à Commarcis, Bernart à Brebant, Naime en Bavière, Guillaume et Bertrand à Orange, Garin et Vivien à Anséune."

Möglich wäre allerdings auch, dass der Autor der E. V. diese Stelle aus einer andern Chanson entnommen hätte, wo auch von der Rückkehr der Söhne Aymeris in ihre Länder erzählt oder Guiberts als Herrschers von Andrenas gedacht wird.

Leider liegt mir nur die Ausgabe des ersten Teils der E. V. vor, sodass mir ein näheres Eingehen auf obige Stelle nicht möglich ist.

169] In der erwähnten Ausgabe finden wir p. 47 in der Hs. 24369 folgenden Zusatz:

Ci apres comence li sieges de barbastre. incidences.

Die Herausgeber bemerken dazu:

„Ces *'incidences',* qui paraissent être de la même main que *Les Enfances Vivien* occupent les f°s 115 r° à 169 r°. Après *„Le siège de Barbastre"* vient (fol. 156 v°) un épisode précédé de cette rubrique: *„coment . ay. dona sa terre a son fillueil et com·nent guibers fu rois dandrenas".* Le retour à l'histoire de *„Vivien"* est préparé par le couplet suivant (fol. 169 r°, 2e col.) [1]) etc."

---

[1]) Von fol. 169a an ist Hs. 24369 von andererer Hand als das Vorhergehende geschrieben; cf. A. Nordfelt: Études sur la chanson des E. V., Stockholm 1891 p. III.

Gaut. IV, 412 Anm. c lesen wir hierüber: Dans le ms.
24369 (anc. 23 La Vallière), les *Enfances* ont été coupées
en deux parties, entre lesquelles on a intercalé le *Siège de
Barbastre*. Quelques couplets ont été nécessaires pour mettre
les lecteurs au courant de cette singulière intercalation (f°s 114
v° et 169 r°).

170] Zu berichtigen ist hierbei, dass nicht nur der S. de B.,
sondern auch noch „un autre épisode" (Nordfelt: Études etc. III),
G. d'A., f° 156 d - 169 b zwischen die beiden getrennten Teile
der E. V. eingeschoben ist.

Überblicken wir nun noch einmal dieses Kapitel unserer
Untersuchungen, so erhalten wir folgendes Resultat:

171] Die Pr. d'O., Aym. und Co. Lo. haben wohl mehr oder
weniger inhaltlich und sprachlich auf unsere Chanson G. d'A.
eingewirkt. Hinsichtlich der unverkennbar hervortretenden
Beziehungen zu Al. lassen wir es unentschieden, welches von
beiden Gedichten einen Einfluss auf das andere ausübte. Dagegen ist es bei dem S. de B. höchst wahrscheinlich, dass er
vom G. d'A. beeinflusst ist, und bei der Pr. de Co. ist eine
Abhängigkeit bezüglich des Stoffes von G. d'A. sogar unleug-
bar. Der Verfasser der Mt. A. hat wohl nicht unser Epos,
aber ein solches gekannt, das Guiberts Zug gegen Judas „aux
ports d'Ossau" behandelte. F. de C. ist jünger als G. d'A.,
steht aber ebenso wie die E. V. in keinen engeren Beziehungen
zu ihm; doch können ihn beide gekannt haben. —

Berichtigung.
No. 42] ist statt p. 97 zu lesen: No. 103 Anm. 1.

Lebenslauf.

Am 14. August 1866 wurde ich, Carl Hermann Siele, als der
Sohn des Kaufmanns Carl Siele und dessen Ehegattin Agnes geb. Leissling,
zu Crossen bei Zeitz, Provinz Sachsen, geboren. Ich gehöre der evangelisch-
lutherischen Confession an. Meinen ersten Unterricht erhielt ich in der
Elementarschule meines Heimatsortes. Ostern 1878 trat ich in die Quinta
des Herzoglichen Christians-Gymnasiums zu Eisenberg, S.-A., ein, welche
Anstalt ich Ostern 1886 mit dem Zeugnis der Reife verliess. Seitdem
widmete ich mich in Leipzig anfangs dem Studium der Theologie, seit
S.-S. 1887 aber dem der modernen Philologie. Michaelis 1888 bezog ich
die Universität Marburg und bestand hier am 15. Juni 1891 das Examen
rigorosum. Sommer 1889 bis Frühjahr 1890 hielt ich mich Studien halber
in London und Paris auf.

Meine akademischen Lehrer waren die Herren Professoren und Do-
zenten: von Bahder, Bergmann, Biedermann, Cohen, Delitzsch
(†), Ebert (†), Fischer, Heinze, Hofmann, Kauffmann, Koch,
Kögel, H. Körting (†), Natorp, Plückert, Schröder, Settegast,
Stengel, Techmer (†), Vietor, Wülker, Zarncke (†).

Ihnen allen fühle ich mich zu stetem Danke verpflichtet. Herrn
Professor Stengel insbesondere sei für seine wohlwollende Unterstützung
bei vorstehender Arbeit und für Förderung meiner Studien auch an dieser
Stelle mein aufrichtigster Dank ausgesprochen.

www.ingramcontent.com/pod-product-compliance
Lightning Source LLC
Chambersburg PA
CBHW021534270326
41930CB00008B/1244

* 9 7 8 3 3 3 7 1 7 6 0 6 8 *